U0165277

▲作者呂學樟全家福。

▲作者呂學樟全家福。

▲蒙親民黨提民，宋楚瑜主席推薦，參選第五屆立
法委員。

▲競選期間，親民黨副主席張昭雄，多次親臨加油
打氣。

▲任召集委員主持監察委員被提名人傅美華同意權
　審查會。

▲主持同意權審查會之過程。

▲對監察委員被提名人之詢答。

▲第二屆第三次臨時會使完成對監察委員被提名人
傅美華行使同意權審查會。

▲主持總統民選修憲大會二、三讀會。

▲主持修憲大會過程景一。

▲主持修憲大會過程景二。

第十四次主席團會議83.7.12

▲主持修憲大會主席團會議。

愛台灣‧最親民
新國會‧新思維

▲敲下歷史性一槌！83年7月29日凌晨3點16分三
讀通過包括總統直接民選憲法增修條文十條。

▲支離破碎的修憲場景（中山樓議場）。

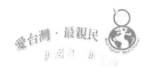

▲完成修憲後，許水德秘書長赴現場慰勉國大幹部。

▲許水德秘書長誇說：依程序完成修憲了不起！

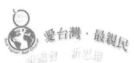
愛台灣‧最親民

▲檢討國是,提供建言,反對凍省景一。

▲檢討國是,提供建言,反對凍省景二。

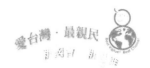

▲電視辯論，舌戰群英，據理力爭。

▲臨別建言，力陳凍省後遺症，說者有心，聽者無意。

學樟委員

機杼治成
含英咀華

連戰 敬題

以君子之風華行聖賢之
達道 因為心中有正氣所
以能威武不屈

學樟賢棣新書發表之頌
年方八二豪情依舊
李　　梓　　新

中華民國九十三年

修憲風雲錄
凍省秘辛

呂學樟　著

～目錄～

宋序

民國八十五年十二月下旬，台灣民主政治史上發生了一件大事，那就是前總統李登輝先生藉國發會，以「精簡省府組織，提高行政效率」之名，通過凍省、廢省之實，令人不解與痛心！猶憶當年十二月二十七日下午，楚瑜於國發會第三次全體會議討論「憲政體制與政黨政治」議題時，曾提出三點報告，就中一、二點為個人主要看法：

一、制修憲問題，其中省縣自治及相關業務法律、規章、命令等數以千計，皆需檢討修訂、廢止或新定，茲事體大，談何容易，應審視處理。

二、外界所提廢省、虛省及凍結憲法有關規定，或凍結省長，省議員選舉等許多問題，並非不可研究，不可檢討，只是在下結論或決策前，應先考慮到此種重大變革牽涉這麼多的人員、機關、業務、財產、人民團體……，否則，只恐未蒙其利，先受其害。

當時國人及鄉親父老凡有識者，對於貿然凍省，恐致地方自治之基礎動搖，為民服務體制及救災系統崩潰，省民權益福祉遭受侵蝕，無不憂心疑慮，處處請願，議論滿庭，唯事與願違，在黨紀及各種不當逼迫力量運作下，護憲功敗垂成，實我憲政之憾事。

　　貿然倉促凍省廢省一事之起落及個中原委，於今數年之後觀看，仍有許多尚待印證，但其對憲政運作及國民權益福祉之利害得失，仍是延續激盪，難杜悠悠眾口。學樟賢弟原係中國國民黨青年才俊，歷任第二、三屆國大代表，並於主席團主席及國大書記長任內，因反凍省護憲而違反國民黨黨意，與李登輝先生意見嚴重分歧，終遭停權二年處分。學樟先生威武不屈，發揚雖千萬人吾往矣之精神，除毅然選擇離開國民黨之外，並著述「修憲風雲錄－凍省秘辛」一書傳世，旨在秉春秋大義之筆，為現今之憲政亂象，指出迷津，撥亂反正。

　　太上有言：人生三不朽—立德、立功、立言，學樟賢弟早年家貧，克勤力學，曾負笈英倫深造，廣博見聞；爾後又於問政繁冗之餘，汲取新知，著述立言，融貫眾說，凡十萬言，已達不朽，實堪敬佩！

　　學樟賢弟大作，正義與理想並陳，謀國愛國摯忱流露字裡行間，內容詳實，言之有物。承其厚愛，諄囑作序，楚瑜有感學樟賢弟「平生風義兼師友，滿腔熱血酬知己」，特親綴短章，仰酬賜教，是為序。

宋楚瑜

九十二年七月一日

劉序

　　修憲有別於制憲，修憲係以原有憲法之架構為基礎，參以社會之繁榮、時代之演進，以調整國家現階段政情的適應性，在修憲後期之公權力之運作，能更為順暢，提升為人民謀福祉之效率。制憲則係因政體之變更，廢棄整部憲法，而制訂新憲法或先行頒行基本法，再經由人民選出之制憲機關，制訂憲法。如英國由君主專制政體，轉為虛君位之民主政體，而制定內閣制新憲法。我國由孫中山先生領導全民革命，推翻滿清專制政權，抗戰勝利後，而制定之中華民國憲法。

　　憲法之制定必須由人民選出制憲機關，和我國之制憲國民大會，修憲亦必須經人民選出之修憲機關，始能修憲，和我國行憲後之國民大會，故修憲機關絕對無權制憲，因之國家行政首長企圖假修憲之名，行制憲之實，其心已應可誅。如進而更企圖達毀憲之目的，似已有刑法第一百條，意圖以非法之方法變更國憲罪之適用。

　　憲法經六次修改後，確如作者所云「五權憲法已告終結」。再經蔡正元、林濁水的聯手運作，一息尚存之任務型國民大會秘書處，亦壽終正寢。至此監督總統之國民大會已不存在，僅有行政院長對立法院負責。總統名符其實的有權

無責，超越專制王朝之君主。違背世界潮流，逆勢運作，國運日衰，國力日弱，又豈非修憲之賜。

所謂國發會者，其成員素質姑且不論，應為政府體制外之組織，當可斷言。我們的政客，竟運用威脅利誘手段，脅迫由人民投票選出之國民大會代表，為之背書，豈非怪事。況國發會既無討論又無議決，何來共識。其真實情況，據作者描述「國民黨主談代表蕭萬長，從口袋拿出一張早就寫好的共識文，口沫橫飛的唸完，大家目瞪口呆下，就成了所謂共識」。政治大學法學院院長荊知仁係憲法學者，亦為二、三屆國民大會代表，曾參與國發會，據其向國民大會同仁所言，確與作者所描述之情節相符。

經全省公民投票選出之省長，聲譽日隆，正致力於省政建設，著有績效，欣欣向榮之際，省長任期尚未滿，突然要修憲廢省，受選民付託國民大會代表們，豈能昧於良知，而盲從符合之理。誠如作者所述，國民黨於中山樓設有聯合中心，由秘書長吳伯雄、修憲諮詢顧問蕭萬長、政策會執行長饒穎奇、考選部長陳金讓等，輪番上山督軍，前三者輪番與國民黨及代表分批座談，後專責疏通祥和會成員，以小木屋為隱密的招待所，動之以情、誘之以利，進而白色恐怖再現，跟蹤、監聽、查稅等，相繼出籠。復運用黑幫打電話恐嚇，使代表心神不寧，整夜無法入睡，終於瓦解了反凍省聯

盟，而達成假修憲之名，而造成毀憲的惡果。

　　作者以春秋之筆太史公神韻，完成此大作，採証嚴謹、用詞寬厚，豈僅憲政史上不可缺之一頁，亦為現代史最真實素材，歷久彌新、千秋萬世、永垂無疆之休。

　　　　　　　　　　　　　　　　　劉景義

　　　　　　　　（前最高檢察署檢察長、第二屆國大代表）

　　　　　　　　　　　　　　民國九十二年六月一日

自序

　　拙著「修憲風雲錄－凍省秘辛」，旨在於紀錄筆者擔任第二、三屆國代時期，參與第二、三、四次修憲時的心路歷程。我國憲法自李登輝繼任第七屆總統開始，總共進行了六次的憲法增修。在平均每兩年一次的「憲政鬧劇」中，修憲過程，如風似雲，變幻莫測。將原來的憲政體制，「權能區分」及「五權憲法」，六次送進國民大會的手術台。如今不僅支離破碎，窒礙難行，更嚴重的是造成不穩定的「憲政」。

　　尤有甚者，李氏在任期僅剩年餘之際，忽然平地一聲雷，突兀的向德國記者發表「兩國論」，並自詡在其任內完成的修憲，實際就是台灣已經獨立，今後毋須更改國號，台灣已是實質的獨立國家，它的名字仍然叫做「中華民國」；但已不是國父孫中山先生所創建，歷經兩蔣時代的中華民國，而是自第九屆總統直選後李氏當選開始，為「正朔」鳴呼哀哉！

　　遙想當年毛澤東佔領大陸之後，改國號、國歌、國旗，造成兩岸長期的兵戎對抗。而今老謀深算的李登輝，用巧取豪奪的方式，不改國名、國歌、國旗，卻對外宣佈實質的獨立。中華民國近百年來，命運之乖謬多舛，毛李前後對照，

令人不勝唏噓。

　　職是之故，本書之立論，旨在批判李氏「跑馬燈式」的憲改，揭穿其「民主先生」、「台灣之父」的假面具；戳破其民主化、自由化及本土化的神話。事實上，這是十二年來李氏與民進黨共謀台獨的藉口。然而政治的玩笑，卻開在國民黨的身上。第十屆總統大選，民進黨籍的陳水扁與呂秀蓮獲勝，正式成為中華民國的正、副總統，國民黨下野，民進黨執政，這不正是可以名正言順宣佈台灣獨立的好機會嗎？然而政治的現實，海峽兩岸的對峙，美國對台的立場，這些因素縱橫交織，台灣想要搞實質獨立，卻是萬萬不可行，連台獨不離口的扁呂，也都不敢冒天下之大不韙，並主動尋求政治的中間路線，絕口不談台獨黨綱，試想在這種險峻的政治情勢下，台獨能當兒戲嗎？

　　李登輝前總統被迫辭去國民黨的主席之後，不反思台獨是誘使台灣走進死胡同的絕路，反而慫恿昔日舊部，成立台灣團結聯盟（簡稱台聯），並藉口本土化、團結愛台灣與支持民進黨穩定政局為幌子，企圖把遭國人終結的兩國論路線（連戰總統敗選即是遭選民唾棄該路線），希望在台聯身上「借屍還魂」。而台聯的立法委員為了進軍國會，不惜飲鴆止渴，這不正是身為台灣人的悲哀嗎？

　　李登輝繼任總統後，用不道德的方式，煽動本土情結，

針對大陸來台黨政軍要員，以「世代交替」的口號逐一逼退，接著再以「本土化」的手段逼出新黨，用「提高行政效率」來「凍省廢宋」，但省政府功能萎縮後，業務量並未合理分攤；導致中部辦公室林立，組織定位不明，資源分配不均，基層公務員的權益得不到充分保障，在士氣低落的情況下，行政效率如何提升？結果當然是未蒙其利，先受其害，從瑞士洛桑管理學院（IMD）每年所公佈的排名節節下降可得知，這又是一個美麗的謊言。而在國民黨淪為在野後，今想進一步操弄民進黨與台聯的「國會合作」，企圖重建其已遭揚棄的「李登輝路線」，彷彿不置台灣於死地誓不干休。這十二年來，檢視李登輝的所作所為、一言一行，彷彿是非當台聯所說的「台灣國父」不可。可憐國民黨的百年老店，在李氏當家時遭其肢解為三黨而不敢攖怒批鱗，而台灣的平民百姓，更在李登輝情結的蠱惑下，跨不出省籍心牢，而在民進黨及台聯黨相繼鼓譟下，台灣島竟成為李氏台獨的祭壇，人民成為芻狗，這是愛台灣的表現？

修憲風雲錄－凍省秘辛，希望透過事實的陳述，讓讀者瞭解，何以正當的修憲會變調，李登輝為什麼執意非「凍省廢宋」不可？筆者擔任國代的七年多時光，為何最後寧願遭黨紀處分也要堅決反對凍省，希望這些答案能在本書中提供解答。同時經過六次修憲，今後的憲政該如何運作？現行憲

法,是否有必要再行修改?為目前的憲政亂象撥亂反正,以開拓國家萬年不墜之基,這都是本書要探討的重點。鑒於諸事繁忙,倉促付梓,若有辭不達意或疏漏之處,還請各位賢達賜知斧正。

　　謹此感謝,國民黨連戰主席為本書題字嘉勉,親民黨宋楚瑜主席與劉景義檢察長,撥冗為本書撰寫序文,而曾協助筆者之諸先進及親友們,一併謹此致謝!

呂學樟　誌於風城

民國九十二年五月

前言

　　「修憲風雲錄－凍省秘辛」，一書由三個部份組成。第一部份是：自序、前言目錄與緒論等，把本書撰寫的目的，寫作架構及方法簡要敘述。由於修憲涉及的範圍甚廣，如在一本書中要將每一個環節詳細討論，是不可能，也沒必要。但如果沒有範圍的界定，將是雜亂無章，不知所云。因此，本書從李登輝繼任總統、國民黨的政爭、學生抗議風潮、國是會議、民進黨的崛起等五件大事，做為撰寫的開端，協助讀者有系統的瞭解，第一次修憲前的背景資料。

　　第二部份是本書的主體，共區分六章十六節：

　　第一章：變調的修憲：將十二年，六次的修憲，區分為三個階段評論。換言之，從五權憲法的解體、總統的擴權到國民大會的自毀，讓讀者去理性思考，何以我國憲法的增修，演變為最後變調的來龍去脈。

　　第二章：台灣省政的變遷：台灣從清朝到日據時代，最後回到國民政府，建省前後到修憲凍省，這百年來台灣省政不同階段的沿革，足資印證凍省之不智。

　　第三章：修憲凍省的過程：修憲必須經國民大會代表三讀程序，再經總統公佈施行。修憲前，各政黨均有其立場及修憲版本，如何動員黨籍國代，確保政黨之主張，尤其是凍

省過程，國代如何合縱連橫，這是本章的撰寫重點。

　　第四章：修憲凍省的秘辛：將凍省的因果關係，凍省幫與反凍省派如何在李登輝主導的修憲中角力，及反凍省派何以先盛後衰的秘辛，採抽絲剝繭方式，呈現在讀者的眼前，並為「凍省廢宋」留下歷史的註腳。

　　第五章：修憲的回顧與展望：筆者原是國民黨籍之國代，第四次修憲時，因極力反對凍省，遭黨紀停權處分。然筆者並非「為反對而反對」，故而將不贊成凍省的理由公諸於讀者，雖已時隔有年，是非對錯，讀者心中自有一把尺。

　　第六章：結論：總結李登輝六次修憲的原因，從最初揭櫫的憲政改革，最後變成兩國論的修憲成果，並自詡提昇到有憲法依據的位階。簡言之，雖仍為中華民國，實際上是在台灣獨立的中華民國，而非延續自推翻滿清政府之後的中華民國。

　　本書第三部份是：附錄、大事年表及參考書目。我國憲法於民國三十六年公佈實施，共分十四章一百七十五條。然而六次增修的條文，雖僅十條左右，但與憲法原貌相去甚遠，因此用附錄的方式比對。大事年表則從民國七十五年以降，將與修憲相關之重點事情，採流水帳方式，擇要摘記，讓讀者在閱讀時，可做一個快速的瀏覽。參考書目則是在撰寫本書時，從其中參考當代人談當代事時的一個補註，便於

協助讀者閱讀。

　　在資料的處理方面，由於筆者擔任兩屆國代，因緣際會親身參與了歷次修憲工程，而期間又曾擔任國大主席團主席、黨團書記長等職務，修憲前、中、後，全程參與，因而在撰文過程中，均是以「參與者」角色，來描述及解釋。筆者堅信「凡走過必留下痕跡」，撰寫本書之目的亦非譁眾取寵，謹希望為我國憲政之推動過程留下見證，並以拋磚引玉的心情，期引起讀者對我國憲法與憲政的關注，則國家幸甚矣！

緒論

　　前總統李登輝先生在位主政十二年餘，不僅是中華民國總統、中國國民黨主席，且身兼中華民國三軍統帥，集黨、政、軍名器與資源於一身，可謂名符其實的政治強人。李氏主政期間，強力主導六次修憲，將中央政府的體制，亂修一通、雜亂無章。結果修得既不像美國的「總統制」、也不像英國的「內閣制」、更不像法國的「雙首長制」；使得五權憲法制，支離破碎，慘不忍睹。

　　回顧李氏繼任總統甫初，為了要鞏固其領導地位，順利推展兩年餘任期之政務，並規劃爾後之大局，國政運作凡事遵循「蔣規李隨」模式而行。其後任期屆滿，於第八任總統、副總統大選時提名李元簇先生搭配競選，卻遭來自黨內同志以民主為名的強力挑戰，角逐過程驚險萬狀，幸賴「八大老」協議安然過關，方能順利當選。

　　從李登輝先生當選新任總統的那一刻起，即不斷運用憲政改革的名義，進行個人領導地位的鞏固工程。然而出乎意料的幾次修憲，竟從國民黨的改革者，逐漸的轉變成「威權

政治」，未幾竟又把國民黨的決策機制淪為「一言堂」，在民主改革過程中，李氏反其道而行以黨內專制的領導方式，多次排除異己；又以本土化的口號，在長達十二年的領導後，把國民黨分化為「台灣人的國民黨」對「外省人的國民黨」。結果李氏總統任滿，所領導之政黨淪為在野黨，把總統大位，執政大權，和平轉移給了民進黨，怎不跌破世人眼鏡呢！十二年來，國民黨上下全力配合李登輝的不斷修憲，但諷刺的是，結果竟是淪為在野黨。而號稱可為台灣奠下長治久安的六次修憲，竟淪為台灣的「政治奇蹟」。「朝小野大」怎能期望政務順利推行？而當初信誓旦旦所堅持的「雙首長制」，結果是淪為「朝野惡鬥制」。這些憲政問題，就是法政學者也抓狂，更何況一般民眾，簡直就是看得「霧煞煞」。為了找尋問題的癥結，筆者擬從憲政的亂源－「六次修憲」，去探索真相。同時，從憲政運作層面，去揭開李登輝前總統的「個人政治目標」，才能窺知隱藏其後的政治企圖。

　　李氏不斷利用修憲，把隱匿心中的個人政治目的，用移花接木的方式摻雜進入憲法增修條文，結果造成了個人政治目標與國家憲政目標「異化」，個人的政治目的扭曲了國家的憲政體制；尤其是台灣優先的口號下，巧妙的運用台灣人情結，欺矇包裝的毫無破綻。更不堪聞問的是，以不道德的

政治運作方式，不顧一切的分裂國民黨、拉攏民進黨，甚至在政黨輪替後，還極盡分化手段，企圖終結國民黨。這段歷史的是非，已漸攤在陽光下，而為世人所知曉，我們就從李登輝繼任總統起，一樁樁的探討其真相，共同來撥雲見日吧！

壹、繼任總統

民國七十六年七月十四日，是一個關鍵的歷史時刻，蔣經國總統發佈重要命令：「台灣地區自十五日零時起，解除戒嚴，開放黨禁、報禁及允許人民赴大陸探親」。台灣的政治環境，頓如波濤洶湧，激起民眾更多民主改革的渴望。翌年元月十三日，經國先生逝世，副總統李登輝先生順理成章，繼任未屆滿的第七任總統。國民黨依鞏固領導中心的慣例，首先在中常會開會時（0127），通過李登輝代理黨主席。隨後在當年七月七日，第十三全會時真除代理，正式由李氏接任黨主席，完成黨內最高領導人的接班工作。原行政院長俞國華先生繼續留任，李煥先生出任黨秘書長，郝柏村先生續任參謀總長，以此佈局穩定黨政軍系統並使之正常運作。

李氏為穩定台灣社會浮動的人心，釐清新舊糾纏不清的

政治體系，於七十八年的六月，將時任黨秘書長的李煥接替俞國華出任行政院院長，黨秘書長由副秘書長宋楚瑜扶正，參謀總長沒有更動，藉以穩定軍心。並開始準備第八屆總統的改選，這時候為了治國安邦，利於爾後選戰佈局，後來常見用來逼退被視為異己的黨政軍要員而冠以「本土化」或「世代交替」的口號，在當時根本不便提出且是避而不談。

貳、二月政爭

民國七十九年二月十一日，國民黨召開十三全臨時中央委員會，準備推舉第八屆總統、副總統的提名人。這時候黨內有人提出以民主的方式，來產生候選人，以別於兩蔣的前例，並呼應李總統的民主改革。這個民主選舉的建議，引起中央委員的共鳴，黨內形成「民主投票」或「起立表決」兩派，僵持不下。最後在顧及黨的團結和諧等因素下，通過總統候選提名人以「起立表決」方式產生。這就是當時所謂「主流派」或「起立派」，以及「非主流派」或「票選派」的源起。❶

表面上雖暫停流派之爭，但是在國民大會臨時會中，卻又在暗中滋長蔓延，正值選舉腳步日近一日時，台灣政壇瀰漫著山雨欲來的詭譎。在陽明山中山樓，這個總統選舉的舞

台，具投票資格的國大代表，有意無意的釋放出，將有兩組參選人的流言。立國以來，總統的選舉均由國代行之，而兩蔣時代，選舉不過是行禮如儀而已。而今由李登輝先生繼任總統，在選舉制度未改變的情況下，卻起了不同以往的變化。僅存六百餘位的國代，若存有二心，本屆總統、副總統的選舉，可能會有難以預測的變化。

這對國民黨及李登輝而言，正如一場難以預料的政變，此等黨國大事，豈可掉以輕心。再經過情治單位的全面監控，證實並非空穴來風。這組挑戰人馬就是林洋港、蔣緯國分別為正、副搭檔，並尋求國代連署。最後雖然挑戰組退出，但是國民黨內的流派對立，從此更加尖銳。而這次的「總統之爭」，也就被稱為「二月政爭」。

第一屆國民大會第八次會議，於民國七十九年二月十九日至三月三十日集會，這次會議的任務是選舉第八任總統、副總統，並終結動員戡亂時期臨時條款。出乎意料的資深國代藉著總統選舉，竟提出國大代表每年集會一次，行使創制複決兩權，以及增額國代六年任期，延長為九年等修憲提案。❷這些國代的言行，經過媒體不斷的報導後，引起了國人的不滿，更激起學運的風潮。

參、三月學運

　　三月十六日，二十多位台灣大學學生，帶著食物和帳棚，進駐台北中正紀念堂。宣佈抗議資深國代擴權、圖謀私利，採靜坐方式，揭開了「學運」序幕。這些學生的自發行為，如同星火燎原，剎時點燃了人民積鬱已久的不滿情緒。

　　十七日台大學生會與各校參與的成員，搭起「野百合」民主廣場，他們對不斷加入的學生及聲援的民眾，輪番上台演講，提出「解散國民大會、廢除臨時條款、召開國是會議、擬定政經改革時間表」等四大訴求，吸引圍觀與鼓勵的民眾不斷增加。

　　三月二十日在立法院會中，朝野立委也針對李登輝所提「國是會議」的構想，熱烈發言，最後做成決議，建請總統盡快召開國是會議，宣佈終止動員戡亂時期，提出明確的改革時間表，以回應學生的改革期待，避免學運一發不可收拾。二十一日晚上，學生代表與李登輝總統對話後，於翌日凌晨，結束歷經七日的學運。而總統府也開始積極籌備召開國是會議。

肆、國是會議

　　民國七十九年五月二十日，總統在就職演說中，宣佈將終止動員戡亂時期，並於七月召開朝野人士參加的「國是會議」。❸會議的目的有四：「廣納各方的建言，凝聚國人的共識，以加速民主改革的步伐，開展國家的光明前途」。會議研討範圍，則界定為「如何健全憲政體制與謀求國家統一」，共分為五項討論議題：

一、國會改革：第一屆中央民意代表全部退職。

二、地方制度：地方自治法制化。

三、中央政府體制：改進總統選舉方式。

四、憲法修定方式：終止動員戡亂時期，廢止臨時條款，由具有民意基礎之機關負責修憲。

五、大陸政策與兩岸問題：制定大陸政策，加強交流等。❹

　　根據國是會議之共識，執政黨立即成立「憲政改革策劃小組」，提出「一機關兩階段」的修憲。同時建議總統於民國八十年五月間，宣告動員戡亂時期終止前，國民大會應舉行臨時會，完成第一階段修憲。為第二屆國民大會之選舉提供法源基礎，主要是針對動員戡亂時期終止後，第二屆國大完成修憲前，這段過渡期間，避免憲政運作發生中斷，造成

憲政危機。除此之外，並明定第一屆國大代表，只對憲法之必要部分進行修改，至於具有爭議性之實質內容，由擁有最新民意基礎之第二屆國大代表負責。如此可將民意反映在憲法內容上，以樹立憲法共識與憲政精神。

在國是會議中，為了讓當時的黨外政治異議人士，能夠參加國是會議，以對抗一些「老法統」，因而李氏在總統就職後，立即特赦當時所謂的「政治犯」，並延請參加會議。這也是李登揮首次運用「台灣人擔任總統」的省籍情結，聯合反對黨，來擴張其在國是會議的影響力，加強以其為首的黨內「主流」力量，來對抗「非主流」。同時，也採取安撫的方式，在國是會議中，增加兩岸關係的議題，以減少黨內非主流派對李登輝的反對，又可以降低中共對我修憲的疑慮。

伍、民進黨的崛起

長期以來，台灣的政治異議份子，從事反對政治運動時，均以「黨外」自居。其發展策略以「街頭群眾運動」為主，「參與選舉」為輔。民國七十五年九月，黨外人士成立政黨，命名為「民主進步黨」，在立法院擁有增額立委十一席，民國七十八年增加為二十一席。民國八十年十月底，民進黨全國黨代表大會，通過「台獨條款」黨綱，引起社會的

矚目。隨即在當年十二月第二屆國代選舉時，以「台獨條款」作為選舉訴求，國民黨以「統一國策」相對抗，一場選舉演變成統獨決戰，民進黨僅獲七十五席國代，而國民黨則贏得三百二十席，「台獨條款」正式遭民眾選票否決。

第二屆立法委員全面改選時（81.12.02）在一百五十四席立委中，民進黨獲五十二席，成為全國第一大反對黨；第三屆國代選舉時，在總席次三百三十三席中，當選九十九席次；民國八十四年十二月第三屆立委選舉，在一百六十四總席次中，當選五十四席；第四屆立委（87年底）改選時，在立委總席次二百二十五席中，獲得七十席，增加到三分之一弱的席次。到了民國九十年底的立委選舉，民進黨攻下八十七席，一舉超越國民黨的六十八席，成為國會第一大黨。

開放台灣省長、台北、高雄兩直轄市長選舉時（83.12），台北市長由民進黨籍陳水扁當選，高雄市長則由國民黨籍吳敦義勝選。省長選舉結果，陳定南代表的民進黨獲得選票325萬4887票敗給獲得472萬6012票的宋楚瑜。到了第九屆（85.03.23）總統、副總統直選，民進黨的參選人彭明敏、謝長廷獲得227萬4586票（得票率21.13%）敗給了執政黨的李登輝、連戰的581萬3699票（得票率54%）。

第二屆直轄市長選舉中，代表民進黨的台北市長陳水扁

連任失敗，輸給國民黨的馬英九；但諷刺的是，國民黨籍的高雄市長吳敦義，卻敗給了民進黨的謝長廷。第十屆總統選舉時，形成國民黨、民進黨及宋楚瑜三強對決。選舉結果：陳水扁獲得 497 萬 7737 票當選，宋楚瑜獲得 466 萬 4932 票、連戰獲得 292 萬 5513 票，連宋雙雙落選，民進黨終因勝選執政。改寫台灣政治史上第一次政黨輪替，國民黨下台淪為在野黨，宋楚瑜成立了親民黨（89.03.31），李登輝透過原國民黨的黃主文，成立台灣團結聯盟（90.08.12），再加上原有的新黨，台灣正式成為多黨（三大二小政黨）的政治局面。❺

第五屆立委選舉，在九十年底舉行，在五黨競爭下，台灣的政治版圖，已產生不同以往的板塊變動。針對李登輝先生在位十二年間，共進行了六次修憲，而民進黨更在李登輝之庇護下成長茁壯，才能在短短的十五年間，擊敗了百年的國民黨，正式成為中華民國的執政黨。綜觀民進黨執政三年多來，台灣的政治、經濟、民心士氣等，因遭逢經濟的全面衰退，面臨了許多困難。然而檢視這些症狀，我們赫然發現，整個病因乃是這部「憲法」和當前的「憲政」所引起。身在台灣的中國人，筆者認為每個人都要有對國家民族的憂患意識，拋除政黨的意識型態，共謀修齊治平的良方，在新世紀裏共同打拼為台灣，才是安身立命之道。

註　釋

❶李登輝的一千天　周玉蔻著　麥田出版有限公司，民國八十
　二年一月出版一刷，民國八十三年三月一日初版三十六刷。
　P.147

❷修憲春秋　修憲過程與政黨政治發展的紀實　謝瑞智博士著
　民國八十三年六月出版，民國八十五年五月增定三版。P.80

❸國是會議從四月二日成立籌備委員會秘書處，並在六月二
　十八日至七月四日召開六天會期的討論，共有一百四十二
　位海內外的各界代表性人士參加。

❹國是會議實錄上冊　國是會議實錄編輯小組編，國是會議秘
　書處出版　民國七十九年十二月初版。P.1

❺迄民國九十二年五月底，在台灣正式登記的政黨共有一百
　零一個，但因無法跨過百分之五得票率的政黨，就稱為泡
　沫政黨。

第一章

變調的修憲

　　民國七十九年五月二十日，第八任正副國家元首就職大典。首次正副總統省籍易位後，中華民國的希望，在新人新氣象的殷切企盼下，李登輝會將台灣帶向何方？會給台灣提供那些有別於兩蔣時代的政治服務？令人訝異的是，在其十二年的任內，以令人目不暇給的方式，不斷修憲。每次修憲，國民黨就分裂一次，而民進黨的力量則增強許多。到了第四次修憲公佈後，竟將修憲的結果，做為台灣獨立的詮釋—「兩國論」的「台獨憲法」。這種變調的修憲，帶給了千萬翹首引頸的國人苦澀的憲政成果。

　　如果檢討原因，那麼這個惡因實肇始於國是會議議題之一的「中央政府體制改進總統選舉方式」；而第一次的程序修憲正好為第二次修憲提供了憲法法源。第二屆國民大會共進行了兩次修憲，第三屆國民大會通過了三次增修憲法。在短短的十二年，修憲次數之密集，在當今世界民主國家誠屬罕見。就連集權專制國家亦自嘆不如。何以李登輝會在任期內密集的修憲呢？究竟意圖何在？值得吾人深思與探討！筆者忝為第二、三屆國代，參與了第二、三、四次的修憲工作，雖然筆拙，然在「不容青史盡成灰」的責任心趨使下，仍願克盡厥職，忠實的記載這一段中華民國憲政史上最不堪聞問的紀錄。❶

第一節　五權憲法的終結

　　我國的憲法原理，建立在五權分立與平衡的基礎上，在政權的行使上，由國民大會產生總統，但並不賦予總統實權，因此在治權的位階上屬虛位元首；國政的運作分為行政、立法、司法、考試、監察五院，彼此分工與制衡。故而行政院長為國家最高行政首長，並對立法院負責。因此在憲法條文上，立法院及監察院亦屬民意機構，因此與國大代表皆面臨改選。

　　第一次修憲任務由第一屆資深國大代表與部分增額代表擔任，而第二次修憲則由第二屆國大代表進行，兩次修憲相隔一年。由於第一次修憲的目的在為第二屆中央民意代表建構法源，所以在憲法的內容上，較無太大的爭議。

　　至於如何保留象徵大陸地區的代表，幾經研究後，終於採用全國不分區且用政黨比例方式來產生。第二屆國大代表是依據第一次修憲條文產生並全面取代資深代表。因此，從憲法的過程和條文來看，表面上是邁向民主政治的肇始與奠基。但就實際的憲政運作而言，卻是變調修憲的開始。

壹、程序修憲

　　第一次修憲於民國八十年四月二十二日經第一屆國民大會第二次臨時會三讀通過，由總統於民國八十年五月一日公佈，共有十條。其中最重要的條文則是三個中央民意代表（國大代表、立法委員、監察委員）產生方式的改變。

一、選區的改變

　　㈠國大代表從原先的每縣市及其同等區域、蒙古每盟旗、西藏、各民族在邊疆地區、僑居國外之國民、職業團體、婦女團體等，改為「自由地區每直轄市、縣市」、「自由地區平地山胞及山地山胞」、「僑居國外國民」、「全國不分區」等方式，依人口比例及政黨當選之名額產生。

　　㈡立法委員由各省、各直轄市、蒙古各盟旗、西藏、各民族在邊疆地區、僑居國外之國民、職業團體、婦女團體等，改為「自由地區每省、直轄市」、「自由地區平地山胞及山地山胞」、「僑居國外國民」、「全國不分區」等方式產生。

　　㈢監察委員由原來的各省市議會、蒙古西藏地方議會，

及華僑團體選舉，改為「自由地區台灣省」、「自由
地區每直轄市」、「僑居國外國民」、「全國不分
區」等方式產生。❷

上述代表、委員之選舉罷免，依公職人員選舉罷免法之
規定辦理。僑居國外國民及全國不分區名額，採政黨比例方
式選出。其任期自民國八十一年一月一日起，至八十五年第
三屆國大代表產生為止。由於增修憲法規定國民大會第二屆
代表，必須在民國八十年十二月三十一日前選出，並進行第
二次修憲。第二屆立法委員、監察委員於民國八十二年一月
三十一日前選出，立、監委員均自民國八十二年二月一日開
始行使職權。

有關總統發佈緊急命令，為決定國家安全有關大政方
針，得設國家安全會議及所屬國家安全局。自由地區與大陸
地區間人民權利義務關係及其他事務之處理，得以法律為特
別之規定。❸

二、資深民代的退職

本次修憲由第一屆資深及增額國代近六百人參加。採取
「一機關兩階段」的第一階段「程序修憲」，為第二屆中央
民意代表的選舉制定法源。❹

民國七十九年六月二十一日，大法官會議第二六一號釋

憲決議：「所有中央民意代表依法於八十年十二月三十日前全面退職」。隨後立法院也通過「中央民代退職條例」，提供了老代表們五百萬的退職金與優惠存款，完成了中央民代的「世代交替」。在本次修憲中，為了要顧及資深中央民代原具有全中國之法統代表性，而不至於引發台灣獨立的疑慮，因而有了「全國不分區」且按「政黨比例」方式產生的中央民代，真可謂「用心良苦」。（但是未幾，全國不分區及僑選立委竟變成了當時國、民兩黨酬庸及政治分贓的肥缺，失去原始設立的真諦！而這次的程序修憲正是埋下變調修憲的惡因。）

貳、五權憲法的調整

第二次修憲，於民國八十一年五月二十七日第二屆國民大會臨時會三讀通過，總統於同年五月二十八日公佈，共有八條。其內容重大改變者有：

一、國民大會

國大職權增加對總統提名之人員行使同意權、及國大集會時，得聽取總統國情報告，並檢討國是，提供建言。如一年內未集會，由總統召集臨時會為之。國代之任期自第三屆

起，每四年改選一次。

二、總統、副總統

　　總統、副總統由中華民國自由地區全體人民選舉，並自第九屆（民國八十五年）開始，而選舉之方式，由總統於民國八十四年五月二十日前，召集國民大會臨時會，以憲法增修條文定之。且任期改為四年，連選得連任一次。

三、司法院

　　該院設院長、副院長各一人，大法官若干人，由總統提名，經國民大會同意任命。❺

　　大法官並有組織憲法法庭審理政黨違憲之解散事項。❻

四、考試院

　　考試院為國家最高考試機關，負責考試、公務員之銓敘…退休；公務人員任免…。該院設院長、副院長各一人，考試委員若干名，由總統提名，經國民大會同意任命。

五、監察院

　　監察院為國家最高監察機關，行使彈劾、糾舉及審計權。設監委二十九人，並以其中一人為院長、一人為副院

長，任期六年，由總統提名，經國民大會同意任命。並將行
政、司法、考試、監察四院所轄官員，與總統、副總統的彈
劾方式分開。

六、省、縣地方制度

憲法增修條文第十七條

(一)省、縣各設議會，議員分別由省、縣民選舉。

(二)屬於省、縣之立法權，省、縣議會分別行之。

(三)省設省政府、置省長一人，縣設縣政府、置縣長一
　　人。省長、縣長分別由省民、縣民選舉。

(四)省與縣之關係。

(五)省自治之監督機關為行政院、縣自治之監督機關為省
　　政府。❼

　　本次修憲共有新選出及原先增額國代計四百一十三
位。❽係屬「實質修憲」，攸關今後憲政體制的運作，會期
七十天，主要的修憲內容為增加國民大會的職權「國民大會
集會期間得聽取總統國情報告、並檢討國是、提供建言」；
司法、考試、監察三院之重要人事「改由總統提名經國民大
會同意後任命」。國民大會原來擁有的選舉總統、副總統之
權，改由「全體人民選舉」。司法院增設「憲法法庭」，職
司「審理政黨違憲之解散事項」。省主席改為省長由省民直

接選舉及基本國策之充實等等，共八條。❾

　　「總統直選」是第二屆國代修憲爭執的焦點。國民黨憲改小組的研究案原本是「委選」與「直選」併案討論。但後來「委選」居上風；而「直選」則爭議不斷。爭議的主要理由是開國以來總統的選舉都是由人民選出國大代表，再由國大代表在國民大會中選出總統。一旦總統直選，將失去全中國代表性，形同台獨。

　　由於國民黨內部爭議過大，為了避免摩擦對立，李登輝先生遂在國民黨十三全三中全會，採取妥協方式—「總統選舉方式由總統於民國八十四年五月二十日任滿以前，召集國民大會召開臨時會，以憲法增修條文明定之」。將總統選舉爭議採「預告修憲」辦法平息紛爭。

　　因此，才有第二次修憲時規定：總統、副總統由中華民國自由地區全體人民選舉，自民國八十五年第九任總統、副總統選舉實施。前項選舉之方式，由總統於民國八十四年五月二十日前召集國民大會臨時會，以憲法增修條文定之。並從第九任總統、副總統開始，任期改為四年，連選得連任一次。❿

　　台灣省地方自治法制化，也是第二次修憲的重點。誠如李登輝總統所說：「省長民選是地方自治民主化的重要內涵，且為民意歸趨，不可抗拒，應該經由法制化途徑制定省

自治法，加以實施」。❶第二次修憲增加了國民大會的職權，並且將總統的選舉，改變為全體人民選舉，同時開放省長民選，以拉攏民進黨的支持，並做為對抗國民黨內反對總統直選的非主流派代表。結果違反我國憲政原理的「總統直選」從此埋下了往後的憲政亂源。

第二節　總統擴權與凍省

第二次修憲時，把總統、副總統的選舉方式規定在民國八十四年五月二十日以前，召集國民大會臨時會，以憲法增修條文明定之。所以才有第三次的修憲，至於第四次修憲則完全是李登輝個人的野心，他挾著總統民選的高得票率，把中華民國的中央政府體制中，有關總統與行政院長的關係加以更動為「總統有權無責」，「行政院長有責無權」的「婆媳制」；同時把台灣省政府的地方自治加以廢除。

壹、準總統制的修憲

第三次修憲條文經第二屆國民大會第四次臨時會三讀通過，由總統於民國八十三年八月一日公佈，本次修憲把第一

次修憲第一至第十條及第二次修憲的第十一條至第十八條條文，修訂為第一條至第十條。看似合併條文，其實卻又另有新「義」。

一、國民大會

把自由地區「平地山胞」與「山地山胞」改為自由地區「平地原住民」及「山地原住民」，從此「山胞」一詞走進歷史。國民大會之職權如下：

(一)補選副總統。

(二)提出總統、副總統罷免案。

(三)議決監察院提出之總統、副總統彈劾案。

(四)修改憲法。

(五)複決立法院所提之憲法修正案。

(六)對總統提名任命之人員，行使同意權。

對於上述之「提出」、「議決」、「修改」、「複決」、「行使同意權」等均有規定。同時把國民大會第二屆代表任期規定到八十五年五月十九日，第三屆則自五月二十日開始，每四年改選一次，並自第三屆起設議長、副議長各一人，由國大代表互選。議長對外代表國民大會，並於開會時主持會議。

二、總統、副總統

　　總統與副總統由中華民國自由地區及在國外之中華民國自由地區人民返國行使「直接選舉」，以得票數多之一組為當選。❶❷修正行政院長之副署權，新提名之行政院長依立法院同意後生效。總統的「緊急命令」、「決定國家安全有關大政方針」、總統、副總統之缺位補選，罷免案、彈劾案等均有規定。另將總統、副總統任期，自第九任起改為四年，連選得連任一次。❶❸

　　本次修憲主要的重點在確定總統、副總統的產生，是由全體人民「委選」或「直選」。由於委選與直選的爭執，國民黨籍國代中，「直選派」（主流派）與「委選派」（非主流派）壁壘分明。由於李登輝主張總統、副總統應由全體人民直接選舉，因而黨內直選派與民進黨聯手對抗委選派，雖然有驚無險通過「總統直選」修憲條文，但是卻也因流派的對立，再次造成國民黨的分裂，另組「新黨」。❶❹

　　本次修憲除了確定總統的選舉方式外，從第三屆國大開始，設立國民大會議長與副議長。❶❺過去國民大會是虛級化、非常設化的組織，因本次修憲而改變。其次則是減少行政院長的「副署權」，這次的修憲將我國的中央體制修改為「準總統制」，而五權憲法名存實亡。

貳、擴權與凍省

　　第四次修憲是第三屆國代第二次會議時三讀通過，並由總統於該年（86）七月二十一日公佈，共有第一至第十一條條文。

一、國民大會

　　修改僑選與不分區之婦女代表名額規定，「在五人以上十人以下者，應有婦女當選名額一人，超過十人者，每滿十人應增婦女當選名額一人。」改為「各政黨當選之名額，每滿四人，應有婦女當選名額一人」。

二、總統、副總統

　　刪除第三次修憲條文中的「行政院院長之免職命令，須新提名之行政院院長經立法院同意後生效」增加「總統於立法院通過對行政院院長不信任案後十日內，經諮詢立法院長後得宣告解散立法院。但總統於戒嚴或緊急命令生效期間，不得解散立法院。立法院解散後，應於之十日內舉行立法委員選舉，並於選舉結果確認十日內自行集會，其任期從新起算。」

修正「監察院向國民大會提出之總統、副總統彈劾案，經國民大會代表總額三分之二同意權，被彈劾人應即解職。」條文，改為由「立法院向國民大會提出」。❻

三、行政院

行政院院長由總統任命，對立法院負責：

㈠行政院有向立法院提出施政方針及施政報告之責…。

㈡行政院對法律案、預算案、條約案，如認為有窒礙執行時…移請立法院覆議…。

㈢立法院得經全體立法委員三分之一以上連署，對行政院院長提出不信案。…不信任案如未獲通過，一年內不得對同一行政院院長再提不信任案。

四、立法院

立法委員人數自第四屆起為二百二十五人，其選出規定

㈠自由地區直轄市、縣市一百六十八人，每縣市至少一人。

㈡自由地區平地原住民及山地原住民各四人。

㈢僑居國外國民八人。

㈣全國不分區四十一人。❼

除此之外，立法院的解散、總統發布緊急命令，立法院

對於總統、副總統犯內亂或外患罪之彈劾案，及立委的逮捕或拘禁，均有明文規定，以上是有別於第三次修憲的條文內容。

五、司法院

本次修憲明文規定：司法院設大法官十五人，並以其中一人為院長、一人為副院長，由總統提名，經國民大會同意任命之，自民國九十二年起實施。大法官任期八年，不分屆次，個別計算，並不得連任。

擔任院長、副院長之大法官，不受任期之保障除外，民國九十二年總統提名之大法官，其中八位大法官含院長、副院長，任期四年，其餘大法官任期為八年，不適用前項任期之規定。司法院所提出之年度司法概算，行政院不得刪減，但得加註意見，編入中央政府總預算案，送立法院審議。

六、監察院

修正監察院對於總統、副總統之彈劾案，改由立法院行使，其餘依第三次修憲條文施行。

七、省、縣地方制度

凍結省長及省議員的選舉，並改為：

㈠省設省政府，置委員九人，其中一人為主席，均由行政院長提請總統任命之。

㈡省設省諮議會，置省諮議員若干人，由行政院院長提請總統任命之。省承行政院之命，監督縣自治事項。

本次修憲規定：第十屆台灣省議會議員及第一屆台灣省省長之任期至中華民國八十七年十二月二十日止，並同時停止辦理選舉。台灣省政府之功能、業務與組織之調整，得以法律為特別之規定。❽

本次修憲由新當選的第三屆三百三十三位國代擔綱，本屆國代人數，國民黨從絕對多數，變為相對多數，❾因此修憲的困難度增加。

此次修憲的重要內容是：總統可以直接任命行政院院長，不需經過立法院的同意；相反的，如果立法院認為總統任命之行政院院長不適任的話，可以提出不信任案，總統也可以解散立法院。本次修憲將立委席次增加為二百二十五人，並在提高行政效率的考量下，通過精省的條文。由於「凍結台灣省長及省議員的選舉」，結果國民黨又面臨再一次的重大分裂，宋楚瑜逕行參加第十屆總統的競選，雖以最高票落選，但是國內的政治生態卻起了重大的變化，宋楚瑜的支持者正式組成親民黨，並迅速地與原有的民進黨，國民黨形成三分天下的局面。

　　第三次修憲時把國民大會主席團主席改為議長制，並非定期開會改為定期集會，間接選舉產生的總統，修改為由全體人民直接選出，如此一來，中央政府傾斜為總統制。然而在行政院長方面，憲法仍舊規定其為國家最高行政首長，由總統提名，經立法院同意後任命，且需對立法院負責。如此一來，在憲政實際運作上，就出現了二級中央政府。第一級是總統與國民大會，第二級是行政院院長與立法院。這其中，總統、國代、立委等，均由人民直接選舉產生，唯獨行政院院長是由總統提名，但卻須向立法院負責；總統雖為民選，但憲法並不允許侵犯行政院院長職權，而總統發佈的相關命令，也須行政院院長副署，這樣的憲政體制運作關鍵，就在總統與行政院院長之間的「憲政關係」。第四次修憲時，把行政院院長任命須立法院同意的憲法條文排除，[20]從此行政院院長屈服在總統的威權下，而立法院因為沒有同意權可行使，無法制衡行政院院長的任命，破壞了行政與立法關係，造成總統有權無責，行政院院長有責無權。

第三節　國代自肥與自毀

　　第五、六次的修憲，在中華民國的憲政史上，可稱得上

是「莫名其妙」。由於李登輝任期即將結束，在歷經四次修憲後，應力求落實憲政之運作，然而李登輝並不作如是觀，卻在民國八十八年七月九日，透過「德國之聲」的採訪而發表「兩國論」，認為經過四次的修憲，中華民國與中華人民共和國已然成為兩個國家而非「一個中國，各自表述」的關係，這就兩岸的關係而言，無疑的是明言台灣已經獨立，只是國名沒改變而已。兩國論出自李登輝之口後，立即震驚國內外。同時李又暗地裏透過新任議長蘇南成運作兩國論入憲，藉以挑起兩岸緊張關係，意圖藉台海危機停止第十任總統及第三屆國代的選舉，並透過修憲來延長總統、國代、立委的任期。而李氏也天真以為唯有其本人的延長任期，才能確保兩國論的成果。至於台海因有美國與日本做後盾，將不致引起太大危機。由於李登輝的野心遭美國阻止而延任作罷，但國代卻逕將自己與立委的任期加以延長，因此第五次修憲被批評為「延任自肥」的修憲，第六次則是自我毀滅的修憲。

壹、國代自肥的修憲

民國八十八年九月三日，第三屆國民大會第四次會議，三讀通過第五次憲法增修條文，將第四次修憲條文中的第一

條、第四條、第九條及第十條加以修正，並經總統於當年九月十五日公佈頒行。然而出人意表的在八十九年三月二十四日，遭司法院大法官會議釋字第四九九號解釋：「八十八年九月十五日修正公佈之增修條文自解釋之日起失其效力，八十六年七月二十一日修正公佈之憲法增修條文繼續適用。」

第五次修憲的第一、四、九、十等條文主要的內容為：

一、國民大會

(一)國民大會代表第四屆為三百人，並以立法委員選舉，各政黨所推薦及獨立參選之候選人得票數之比例分配當選名額。

(二)國民大會代表自第五屆起為一百五十人。

(三)國民大會代表任期為四年，但於任期中遇立法委員改選時同時改選，連選得連任。第三屆國民大會代表任期至第四屆立法委員任期屆滿。

二、立法院

(一)立法委員自第四屆起規定人數為二百二十五人，選舉方式與第四次修憲內容同。

(二)第四屆立法委員任期至中華民國九十一年六月三十日止（原任期為九十年十二月三十一日止，延長了半

年）。

㈢第五屆立法委員自中華民國九十一年七月一日起改為四年，連選得連任。其餘相關內容與第四次修憲內容同。

三、省縣地方制度

本次修憲把第四次修憲條文項目之後的文字敘述刪除，僅留「台灣省政府之功能、業務與組織之調整，得以法律為特別之規定。」

四、國家基本政策：

增加「國家基本政策」內容兩項：

㈠國家應重視社會救助、福利服務、國民就業、社會保險及醫療健保等社會福利工作；對於社會救助和國民就業等救濟性支出應優先編列。

㈡國家應尊重軍人對社會之貢獻，並對其退役後之就學、就業、就醫、就養予以保障。❷❶

本次修憲最主要的爭議在於國民黨籍國大議長蘇南成，把國大議事規則修改為「無記名投票」，並在其率先贊成下，通過延長本屆國代和立委任期，並以「國會改革」之名把國代的選舉改為政黨比例產生。結果在司法院大法官的解

釋下，第五次修憲條文無效，更為這次修憲留下荒唐的評語。

貳、國代自毀的修憲

第六次修憲於八十九年四月二十四日，第三屆國民大會第五次會議三讀通過，總統於四月二十五日公佈。修憲內容，簡述如下：

一、國民大會

(一)國民大會代表三百人，於立法院提出憲法修正案及領土變更案後，經公告半年，或提出總統、副總統彈劾案時，應於三個月內採比例代表制選出。其方式以法律定之。

(二)國民大會代表於選舉結果確認後十日內自行集會，國民大會集會以一個月為限。國代任期與集會期間相同。

(三)第三屆國民大會代表任期至民國八十九年五月十九日。國民大會職權調整後，國民大會組織法應於兩年內配合修正。

二、總統、副總統

　　總統發布行政院院長與依憲法經國民大會或立法院同意任命人員之任免命令…。把其中之「國民大會」刪除。其餘條文內容繼續有效。

三、立法院

　　增加：「立法院於每年集會時，得聽取總統國情報告」。「中華民國領土，依其固有之疆域、非經全體立委二分之一之提議……並提經國民大會代表……複決同意，不得變更之」條文。

四、司法院

　　本次修憲條文：「司法院大法官……由總統提名，經立法院同意任命之。」「司法院大法官除法官轉任者外，不適用憲法及有關法官終身職待遇之規定。」❷❷

五、監察院

　　修正監察委員及院長副院長，由總統提名，經立法院同意任命。❷❸

六、立委國代報酬

立法委員之報酬或待遇內容不動，其中國民大會代表集會期間之費用，以法律定之。

第五次修憲條文經總統公佈後，全國譁然。隨後申請大法官釋憲，並拖到半年後第十屆總統選舉結果出爐（民國八十九年三月二十四日）才公佈。釋字第四九九號解釋八十八年九月十五日修正公佈之憲法增修條文無效。

於是再由總統召集第三屆國民大會於民國八十九年四月十一日召開第五次會議，並於四月二十四日三讀通過第六次修憲條文，並在翌日由總統公佈。本次修憲的主要重點內容如下：

一、國民大會代表之產生：為總額三百人，有任務時，依比例代表制選出。

二、國民大會之職權：複決立法院所提之憲法修正案、領土變更案及議決立法院所提之總統、副總統彈劾案。

三、人事權之改制：

㈠副總統出缺由立法院補選。

㈡總統、副總統之罷免案，由立法院委員提出。

㈢立法院對總統、副總統之彈劾案不限於內亂罪與外患

罪。

㈣司法、考試、監察之重要人事同意權由立法院行使。

四、立法院得聽取總統國情報告。

五、司法院大部分法官不適用終身職：司法院大法官除法官
轉任者外，不適用終身待遇。

對於第六次的修憲成果，簡而言之－「留名不留人，完
成了國民大會的虛級化」。但是直接由人民選出之正副總
統，在沒有制衡的國民大會之後，（雖然把國民大會對總統
的制衡部分交由立法院）我國的憲政制衡體制轉變成立法院
與行政院，總統府的互動關係，是把總統府的位階下降至與
立法院平行呢？或是立法院單獨提高了民意機關的位階而超
出其他各院呢？而任務型之國代採「比例代表制」選出，且
會期僅有一個月（任期亦同）在這種設計下的國民大會，往
後要如何發揮其功能？而「有權無責」的「大總統」，更因
國代的修憲自毀，形成了新的「帝制」，這就是被號稱「民
主先生」李登輝的荒誕憲政史！

註　釋

❶第一次修憲：80.05.01 公佈，第一屆國民大會。

　第二次修憲：81.05.28 公佈，第二屆國民大會。

　第三次修憲：83.08.01 公佈，第二屆國民大會。

　第四次修憲：86.07.21 公佈，第三屆國民大會。

　第五次修憲：88.09.15 公佈，第三屆國民大會。

　第六次修憲：89.04.25 公佈，第三屆國民大會。

❷參考附錄㈠

❸參考附錄㈡

❹中央民意代表區分為國民大會代表、立法院立法委員、監
　察院監察委員。

❺有關司法院、考試院人員任命之規定在八十二年一月三十
　一日前提名，仍由監察同意任命，但八十二年二月一日後，
　則改為國民大會同意任命（提名仍為總統）

❻政黨之目的或行為，危害中華民國之存在或自由民主之憲
　政秩序者為「違憲」。

❼憲法增修條文第十七條　參考附錄㈢

❽國民黨籍 330 位、民進黨籍 75 位、其他 8 位

❾參考附錄㈢

❿第二次修憲增修條文第十二條　參考附錄㈢

⓫李登輝執政告白實錄　鄒景雯整理　印刷出版有限公司，2001
年 5 月初版。P.332

⓬總統、副總統得票數採相對多數，而非絕對多數，未來的
選舉會產生多數票之總統，但是卻非民意過半數的總統，
故第十屆總統選舉時，陳水扁總統沒有過半數的得票率，
而被稱為少數總統。

⓭參考附錄㈣

⓮新黨（82.08.18 成立）的前身為新國民黨連線，以國民黨正
統自許，以有別於李登輝領導的國民黨，故而之後一般大
眾把新黨稱為「新 K」，K 者為國民黨 KMT 之字首。

⓯第三屆國民大會第一次會議選出國大議長錢復、副議長謝
隆盛。

⓰第四次修憲把同列為中央民意機構的監察院改為準司法機
關，因此中央民意機關從三個單位變成國民大會及立法院
兩個。

⓱由於國家發展委員會決議，凍結省長及省議員之選舉，為
了舒緩省議員之反對，採取增加立法委員人數的方式，為
省議員廣開立法院之門。

⓲參考附錄㈤

⓳國民黨 185 人，民進黨 99 人，新黨 46 人，其他 3 人

❷⓪第 55 條　行政院院長由總統提名，經立法院同意任命之。

參考附錄㈠

❷①參考附錄㈥

❷②司法院大法官在憲法上受到終身職待遇之禮遇保障，由於

第五次修憲時，遭大法官會議解釋無效，因此國民大會挾

怨報復，故而條文內有此報復條文，形成一院（司法院）

二制的憲法醜文。

❷③參考附錄㈦

第二章

台灣省政的變遷

　　根據歷史文獻記載，台灣正式建「省」是在清朝光緒十一年（1885），首任巡撫劉銘傳治台。光緒二十一年（1895），中日甲午戰爭，滿清戰敗訂下馬關條約，台灣割讓給日本，長達五十年。民國三十四年（1945），八年抗戰勝利，日本投降，中華民國政府接收台灣。四年後，大陸淪陷，中央政府播遷台北。

　　台灣省各縣市的地方自治，長時期來均依據行政命令推行。省政府設主席，由中央派任；省議會議員則由省民直接選舉。民國八十一年第二次修憲時，增加了省縣自治條文。八十三年下半年正式展開了台灣省長，台北、高雄兩直轄市長的直接選舉。民國八十六年五月第四次修憲時，卻又把省長及省議員的選舉凍結，把省的自治機關虛級化，成為中央派出單位。空前絕後的省長選舉，在台灣的地方自治史上，留下一段看得見說不清的景像。這種「昨是今非」的政治邏輯，凸顯出這個政治是非題的謬誤。

第一節　地方制度的回顧

　　台灣與大陸互動歷史甚早，而有文獻可考者，或謂始於隋，或始於宋代。一般而言，有關於台灣之行政建制，演變

可區分為以下幾個階段：

　　一、明鄭之前。

　　二、明鄭時期與滿清時代。

　　三、日據時期。

　　四、台灣光復以後。❶

　　本節並非做行政建制之考據，故僅就各階段的大要簡述，俾便讀者瞭解，台灣省地方制度之演變，並從各階段的典章制度中，去一探行政建制的內容及重點。

壹、台灣省的政治發展

　　一、明鄭以前之原始政治型態：台灣之原住民為山地族，由各酋長以原始方式統治各自部族。至於漢人與台灣關係，遠自隋唐開始。根據史料記載，當時中國對台灣統治採消極方針，使台灣處於無政府狀態，漢族與山地族各自建設村落，自營生活而已。十六世紀末葉後，先後有荷蘭、西班牙等國入侵台灣，但其目的僅以經濟利益為主，未有行政體制之設置。因此，本階段實為一部落社會之原始政治型態，尚無政府及政治制度可言。❷

　　二、明鄭時期及滿清時代：明朝永曆十五年（1661）鄭

成功驅逐荷蘭人後，立即仿照明朝之政制，在台灣建立政治制度。先設一府二縣（承天府、下轄天興縣、萬年縣），後改為一府二州（承天府、轄天興州、萬年州）。其子鄭經繼位後，則設有中央與地方的行政機關。明永曆三十七年（1683），鄭克塽歸降滿清，台灣納入清朝版圖，隸屬於福建省。清朝自康熙二十三年（1684），迄光緒十三年（1887），歷經五次的變革：一府三縣、一府四縣二廳、一府四縣三廳、二府八縣四廳、三府一直隸州十一縣四廳。❸清光緒十三年（1887）設台灣省，下轄三府一直隸州十一縣四廳。❹從上述行政建制的沿革，可以看出台灣省的發展概貌。然而本階段之發展，僅為行政體制之建立，屬於專制政治體制，地方行政無自治權利可言。

　　三、日本據台時期：日本據台後，於清光緒二十一年（1895），在其中央政府，設台灣事務局，以管理台灣政務，並制定「台灣總督組織條例」，施行軍政。由於台灣距日本之國土較遠，而且孤懸海上，日本政府授權台灣總督，得在其管轄區內，發佈具有法律效力之命令，並集行政、立法、司法於一體。❺迄民國十五年，台灣的行政區域分為三個階段的變遷。

　　第一階段，置縣時期：台灣全省分為三縣一廳、一縣二民政支部一廳、三縣一廳、六縣三廳、三縣三廳等

五個階段的演變。

第二階段,置廳時期:全省劃分為二十廳、十二廳等兩
　　　階段。

第三階段,置州時期:將全省規劃為五州二廳及五州三
　　　廳等兩階段。❻

民國二十四年(1935),總督以律令公佈「台灣州
制」、「台灣市制」、「台灣街庄制」,明定州、市及街庄
之法人資格,同時規定市、街庄居民之權利義務,賦予選舉
權及被選舉權;州設州議會、市設市議會,為議決機關;街
庄則設協議會,屬諮詢機關。州、市議會議員,及街庄協議
會議員半數為官派,半數為民選。同年底並舉行台灣地區有
史以來的第一次選舉,但仍未達到地方自治的條件。❼

四、台灣光復與政治現代化:民國三十四年八月十五
日,日本宣佈無條件投降,台灣歸還中華民國版圖。同年九
月二十日,中央政府頒佈「台灣省行政長官公署組織條
例」,十月二十五日,設置台灣省行政長官公署,隸屬於行
政院,從事接管地方行政及籌劃地方組織事宜。該機關屬臨
時機構,依組織條例規定,俟接收工作完成,地方機構建立
後,按全國行省制,正式成立省政府。❽

台灣省行政長官公署成立後,為奠定成立行省之基礎,
立刻開始籌備地方自治事宜,首先將日據時代的州廳,改為

縣市，原有之郡改為區、街庄改為鄉鎮，鄉鎮以下設村里
鄰，在鄉為村，在鎮為里。❾並公佈「台灣省各級民意機關
成立方案」及各種選舉法規，規定公民資格。民國三十五年
（1946）二月間，次第成立村里民大會，並選舉鄉鎮區民代
表，三月間，成立縣市參議會，選舉縣市參議員。五月一日
全省最高民意機構—「省參議會」成立，當時各級民意代表
採間接選舉。❿

貳、行憲後的地方制度

　　民國三十六年元月一日，中華民國憲法公佈。五月十六
日行政長官公署改組為台灣省政府，台灣行省之體制，於焉
開始。同年十二月二十五日憲法正式施行，此乃行憲紀念日
的緣起。民國三十七年，全國首次舉行經由普選，選出首屆
中央民意代表。三十八年，山河變色，中共竊據大陸，中央
政府播遷來台。民國三十九年四月二十日，台灣省政府正式
公佈「台灣省各縣市實施地方自治綱要」。根據此一綱要及
有關法規規定，全省各縣市長，各縣市議會議員，鄉鎮市長
及各鄉鎮市民代表會代表等，皆由公民直接投票產生。

　　民國三十九年八月十六日，經行政院第 145 次會議通
過，核定全省行政區分為十六縣四省轄市。民國六十七年

底，全省計有十六縣、四省轄市、十三縣轄市、三十二區、
二百三十一鄉、六十九鎮、三千零八十三村、三千三百九十
里。台灣省迄凍省前，計有五省省轄市，十六縣。❶

　　民國三十五年五月一日，政府依據「省參議會組織條
例」成立省參議會，當時參議員採間接選舉與政府遴派等方
式。民國四十年八月，「台灣省臨時省議會組織規程」公
佈，參議會改名為臨時省議會，首屆省議員仍比照參議員方
式產生。民國四十三年，第二屆臨時省議會議員，改由公民
直接選舉。民國四十八年，第三屆臨時省議會改為第一屆省
議會，迄凍省時為第十屆省議會。

　　至於中央民意機構方面，因為大陸淪陷，中央民意代表
無法改選，若僅以台灣地區所選出，又無法代表整個大陸淪
陷區。政府為了延續法統，維持「正朔」，只好採權宜措
施，於民國四十三年，透過大法官會議解釋：「由第一屆中
央民意代表依法繼續行使職權」。

　　往後政府為強化中央民意機構，擴大民眾參與，遂於民
國五十八年，在自由地區舉行中央民意代表增補選。

　　民國六十七年，增補選代表任期屆滿，改選之際，適逢
中美斷交，選舉暫時停止。民國六十九年五月，立法院通過
「選舉罷免法」，同年十二月擴大中央民意代表選舉，共選
出之中央民意代表合計二百零五名。❷

　　五十餘年來，由於各種不同的選舉，不斷在台灣舉行，因此使得台灣的居民，變得相當熱衷於民主選舉，故而激發出地方自治的意識高漲。台灣省長開放人民直接選舉，正是地方自治中，最高層級首長由人民票選的開始，也為我國地方自治，寫下了一頁典範。

第二節　地方自治的檢討

　　根據我國原來的憲法，「中央與地方之權限」、「地方制度」等，都有明文的劃分與規定。⓭依照憲法原意，實施地方自治，首先需制定「省縣自治通則」，做為地方自治的法源。然後再制定省、縣自治法，開始實施地方自治。但行憲之初，政府因中共叛亂而播遷來台，無法完全依據憲法，僅以「台灣省各縣市實施地方自治綱要」等行政命令施行之，與憲法有關規定的地方自治，頗有差距。⓮

　　中央政府來台後，台灣省主席仍維持中央派任（官派），其餘各級民意代表及縣（市）長，鄉鎮市長、村里長等，由所轄之公民直接選舉產生。而原來屬省轄之台北、高雄兩市，於改制為院轄市後，除市議員仍維持由選舉人直接選舉外，市長亦改為官派。⓯

　　台灣省的最高行政首長－省主席，長期以來均由中央指派，下轄二十多個縣市，並與北、高兩市形成行政院轄下的一級行政區。然而台灣省人口、行政區與中華民國的人口及行政區重疊達 90％以上，因此省政府經常被戲稱為「小中央」。民進黨成立後，為了要擴大政治版圖，邁向執政之路，每當選舉，省長、直轄市長民選等，就成為重要的政治訴求。

　　民國七十九年召開「國是會議」時，「地方制度」議題的總結報告有五點：

　　一、地方制度合憲化與法制化問題。

　　二、行政區域重劃問題。

　　三、地方首長民主化問題。

　　四、地方自主權問題。

　　五、鄉鎮市自治問題。❻

　　上述五點共識的的最主要內容為：

　　一、「地方制度合憲化與法制化」，旨在改變地方自治，從目前服膺於中央政府指令下的行政機關，轉為建立於法治的自治機關。❼省政府的組織及省議會、省長及省議員的選舉，就成為本項議題的核心。

　　二、「行政區域重劃」方面，針對省長直選後，如何避

免省長與總統之間，民意基礎發生爭議。

三、「地方首長民主化」的重點，在於省、縣（市）長民選，是地方自治民主化的精髓。唯有透過人民直接選舉，才能落實地方自治民主化。

四、「地方自主權」的核心問題，在於「地方無權無錢」，故應通過法制化，以確定地方自主權。

五、「鄉鎮市自治」的共識，依憲法精神而言，鄉鎮市並非地方自治單位，選舉應予廢除或改為官派，村里長則予以取消。❶

上述的議題中，在行政區域重劃方面，與會者認為目前省與中央的「單一關係」應予改善。可採用國土重劃的方法，將行政區域變更，由此可擴大以省為最高自治單位的地方自治範疇，並可避免產生「省長民選與總統間的民意基礎爭議問題」。至於行政區域的重劃，出席人員的意見雖較分歧，但主要意見可歸納為「多省制」與「多市制」兩種。

一、多省制所持的理由是，在不違背憲法地方自治原則與精神下，可以解決目前中央過於集權的弊病。

二、多市制則認為，多設省將使資源分配扭曲，缺乏行政效率，增加支出，加重人民負擔；而且容易引起統獨意識紛擾，導致海峽兩岸關係緊張。

在行政區域重劃的討論中，省應否「虛級化」的問題，多省制認為如多設置省，則省的幅員縮小，省不必虛級化；多市制的主張者認為，大都會區全部規劃後，省可虛級化。❾由於行政區域重劃涉及的因素過於複雜，在短時間內不容易實現，更何況台灣的政治生態，過於重視本位主義，因此必須等到適當的時機才能成熟。

第三節　省長直選的修憲

國是會議後，李登輝在國民黨內成立「憲政改革小組」，並由副總統李元簇先生負責。經過不斷的研議，針對國民大會的現況，及當前國家處境，決定採取「一機關兩階段」的修憲步驟。由第一屆國大代表進行「程序修憲」，第二階段再由台灣選出的新代表進行「實質修憲」。第二次修憲由第二屆國民大會臨時會（81.05.27），第二十七次大會三讀通過，五月二十八日由總統公佈。本次修憲條文共有八條，❿臨時會從八十一年三月二十日至五月三十日，但籌備會則提早自八十年十月開始。

本次修憲，「省縣制度」的內容如下：

一、省設省議會，縣設縣議會，省議會議員、縣議會議

員分別由省民、縣民選舉之。

　　二、屬於省、縣之立法權，由省議會，縣議會分別行之。

　　三、省設省政府，置省長一人，縣設縣政府，置縣長一人，省、縣長分別由省、縣民選舉之。

　　四、省與縣之關係。

　　五、省自治之監督機關為行政院，縣自治之監督機關為省政府。❷

　　有了憲法條文的依據，第二屆立委在八十三年通過「省縣自治法」、「直轄市自治法」，並在當年展開台灣省長、台北、高雄兩直轄市長的直接選舉。民進黨更號稱「四百年來第一戰」，有了搶攻省長、市長的機會。在省長選舉結果，國民黨籍宋楚瑜得票 472 萬 6012 票，民進黨陳定南得 325 萬 4887 票，兩人票數相差 147 萬 1125 票；但台北市長則由民進黨的陳水扁當選，高雄市長則由國民黨的吳敦義奪標。

第四節　國發會的凍省

　　國家發展會議簡稱「國發會」，於民國八十五年十二月二十三日到二十八日，在台北市舉行。一百七十位出席代表針對「憲政體制與政黨政治」、「經濟發展」及「兩岸關係」三項議題，進行研討、溝通協調後，共有一百九十二項結論。會議議程雖僅有五天，但籌備期間長達四個多月，除了大會的籌備工作之外，還舉行二十七場省（市）、縣（市）「分區座談」，十四場學者專家「專題座談」，十一場「專題綜合研討會」，並設國是信箱、熱線，廣徵民意。❷

　　「合理劃分中央與地方權限健全地方自治」－是憲政體制與政黨政治的第二議題。從十二月二十四日上午起進行分組討論，並在總結報告前，由黨派代表提出各黨派的看法。為了要讓讀者瞭解當時的報告內容，特將各報告人之發言內容，完整引用如下：

壹、政黨發言

張晉城－代表無黨派發言

一、中央成立委員會以最終廢省為目標，一年內提出廢
　　省之階段進程及具體步驟。

二、先行凍結下屆省長及省議員之選舉。

三、縣（市）政府職權應予加強。

四、鄉鎮（市）長改為遴選，相關代表會則取消。

五、地方稅法通則、財政收支劃分，應盡速完成立法修
　　法，以健全地方財政。

六、增設副縣（市）長，由縣（市）長派任。❷❸

邱義仁－代表民進黨發言

一、自下一屆起，凍結省長及省議員的選舉。

二、在中央政府下，成立專責委員會處理省府職掌、人
　　事等相關事宜之轉移事項，並必須於半年內完成規
　　劃。❷❹

饒穎奇－代表國民黨發言

一、本黨主張先精簡省府之功能事務與組織，並成立委

員會完成規劃及執行，同時凍結省自治選舉事項。

二、取消鄉鎮市級之自治選舉，鄉鎮市長改為依法派
　　任。縣市增設副縣市長。

三、地方稅法通則、財政收支劃分法，應儘速完成立法
　　或修正，以健全地方財政。❷⑤

新黨退出國發會，由呂亞力表達新黨立場，但是新黨代
表在退出前，對於上述省的問題，提出一省多市，強化省的
自治，可精簡組織及功能，但不可廢省或虛級化。❷⑥

貳、總結報告

憲政體制與政黨政治議題總結報告中，有關合理劃分中
央與地方權限、健全地方自治方面的共同意見：

一、調整精簡省府之功能業務與組織，並成立委員會完
　　成規劃及執行，同時自下屆起凍結省自治選舉。

二、取消鄉鎮市級之自治選舉，鄉鎮市長改為依法派
　　任。

三、縣市增設副縣市長、縣市政府職權應予以增強。

四、地方稅法通則、財政收支劃分法，應儘速完成立法
　　或修正，以健全地方財政。❷⑦

有關於省級組織的其他看法方面，尚有：㈠維持省級組織㈡廢省㈢凍結省級選舉㈣省選舉不能凍結㈤一省多市㈥成立委員會深入研討有關「廢省」、「省虛級化」等問題，尋求共識後推動。㈦調整省政府組織功能㈧原住民設置自治區㈨成立專責委員會研究（處理）省政府之組織與功能。㉘

參、省長的看法

民國八十五年十二月二十一日（星期六）上午十時，國家發展會議主席團第一次會議，由連戰先生主持，討論分組會議及全體會議主持人與分組結論整理及報告的成員如何推定等事宜。其中談到會期內宋楚瑜先生主持之會議，倘因故不克出席時的代理人。而宋本人則被安排在「兩岸議題」組，但他希望能改到「憲政議題」的分組。

十二月二十三日上午，召開預備會議時，國發會執行長黃昆輝提出報告：國發會期間分組會議及全體會議座次，均已事先排定。出席人須按座次入座外，原則上分組會議不得跨組參加，如對於本身參加議題以外之其他議題發言時，可於全體會議時發言。㉙由於分組人員設定在每組七十人上限，且由政黨推薦，想要換組之人不在少數。因此，宋楚瑜表明參加憲政小組的願望，並沒有達成。而會議期間剛好省

議會在進行省政總質詢，所以省長就留在省議會而未參加分組討論。宋楚瑜在十二月二十七日下午於第三次全體會議－憲政體制與政黨政治議題時出席會議，提出三點看法：

一、有關憲政體制修問題，有關修憲、省縣自治法及相關業務法律、規章、命令等，數以千計之法規的檢討修訂、廢止或新訂，談何容易，茲事體大，應審慎處理。

二、外界所提廢省、虛省、凍結憲法有關規定，或凍結省長省議員選舉等許多問題，並非不可研究、不可檢討，只是在下結論或決策前，應考慮到此種重大變革牽涉這麼多的人員、機關、業務、財產、人民團體，甚至省議會。

有人的問題，也有業務、財產的問題…更有為數眾多的省級人民團體、省議會處理問題，究竟如何規劃安排、如何善後，均無所知。當事人的省府、省議會、省民、相關團體，事前也未獲徵詢意見，在此種客觀事實下，輕言廢省等，其後果難以預料，其可行性需要更審慎研究，否則只怕未蒙其利，先受其害。

三、綜合最近一週多來，省議會省政府總質詢內容，省屬公務人員及省民反映意見，同時從省方的觀點來看，比較可行的應該是，中國國民黨李主席十二月

十八日晚上，邀集高層會商國發會重要議題之原則
指示與結論：維持政局安定、民主及提昇效率原
則，有關省府虛級化問題應「研究省及各級政府業
務功能之調整或簡化，現階段不宜討論廢省或省虛
級化問題」。

此外，省長亦提到，在此過程中，讓我們略嫌美中不足
者是從頭到尾、省府及省議會都未能參與，未能提供第一手
資料及最新最務實的看法及經驗說明。我們不反對改革，不
反對作整體檢討，但希望能就這些問題仔細考量，希望大家
不要只從「虛」的概念上，要求省府及省議會同意或不同
意，而要端出「牛肉」來讓大家曉得，端出來的究竟是什麼
東西。❸

由於宋楚瑜被分配到兩岸議題，而又碰巧省議會開議，
因此在正式的會議場合僅有這次的發言，雖然明知凍省議題
由國民黨主席及民進黨共同推動，但礙於尊李，所以並沒有
其他適當機會再次強力表達反對凍省的意見或動作，這也是
在反凍省的過程中失去機先的第一步。

註　釋

❶重修台灣省通志 卷七、台灣省文獻委員會編印出版，民國八十年六月初版。*P.5-6*

❷台灣經驗－發展中的民主政治 高育仁著 二十一世紀基金會出版，民國七十八年十二月初版。P.5-6

❸重修台灣省通志，前揭書。P.533。

❹*1.*一府三縣：台灣府，台灣縣、鳳山縣、諸羅縣。

　*2.*一府四縣二廳：台灣府，彰化、諸羅、台灣與鳳山等縣，淡水與澎湖二廳。

　*3.*一府四縣三廳：台灣府，台灣、鳳山、嘉義、彰化等縣，噶瑪蘭、淡水、澎湖等廳。

　*4.*二府八縣四廳：台北府轄三個縣一個廳，台灣府轄五個縣三個廳。

　*5.*三府一直隸州十一縣四廳：台北府：宜蘭、淡水、新竹等三縣，基隆、南雅兩廳；台灣府：苗栗、台灣、彰化、雲林等四縣，埔里社廳，台南府：嘉義、安平、鳳山、恆春等四縣，澎湖廳，台東直隸州。

❺台灣經驗，高育仁著，前揭書。P.10

❻重修台灣省通志，前揭書。P.535

五州三廳：台北、新竹、台中、台南、高雄等五州，台東、花蓮港、澎湖等三廳。

❼台灣經驗，高育仁著，前揭書。P.11

❽同上書 P.11

❾台灣經驗，高育仁著，前揭書。P.11

❿同上書。P.11

⓫重修台灣省通志，前揭書。P.522

  *1.*台灣省五個省轄市：基隆市、新竹市、台中市、嘉義市、台南市

  *2.*台灣省十六縣：台北縣、宜蘭縣、桃園縣、新竹縣、苗栗縣、彰化縣、台中縣、南投縣、台南縣、嘉義縣、雲林縣、高雄縣、屏東縣、台東縣、花蓮縣、澎湖縣。

  *3.*民國五十五年十二月三十一日，台北市由省直轄市升格為行政院院轄市。

  *4.*民國六十八年七月一日，高雄市由省轄市改制為行政院直轄市。

⓬台灣經驗，高育仁著。P.13

⓭參考附錄㈠

⓮國是會議實錄上冊 國是會議實錄編輯小組編，國是會議秘書處出版 民國七十九年十二月初版。P.1331-P.1335

⓯*1.*台北市長自民國四十年改為民選（原先為官派），民國

　　五十六年改制升格為院轄市，而停止選舉改由官派。

　2.高雄市第一屆市長民選，於民國四十年三月二十五日選

　　出，民國六十八年七月，改為院轄市而停止市長選舉。

❶國是會議實錄上冊，前揭書。P.1131

❶同上書。P.1332

❶同上書。P.1334

❶同上書。P.1333

❷參考附錄㈢

❷參考附錄㈢

❷國家發展會議實錄上冊　國家發展會議實錄編輯委員會　國

　家發展會議秘書處出版，民國八十六年五月初版，序言。

❷同上書。P.735

❷同上書。P.736

❷國家發展會議實錄上冊　國家發展會議秘書處編印，民國八

　十六年五月初版。P.738

❷同上書。P.718

❷國家發展會議實錄上輯　國家發展會議實錄編輯委員會　國

　家發展會議秘書處出版，民國八十六年五月初版。P.775

❷同上書。P.593

❷國家發展會議實錄上輯　國家發展會議實錄編輯委員會（黃

　昆輝、趙宋博、黃大洲、陳錫蕃、黃正雄、林豐正、江丙

坤、張京育) 國家發展會議秘書處出版,民國八十六年五月初版。P.101

❸⓿同上書。P.712-713

第三章

修憲凍省的過程

　　民國八十六年三月二十三日，由九名國代發起，二百二十六位代表連署，咨請總統頒佈國大召集令的簽署書，送達國大秘書處。該書經公開陳列，公告徵詢無誤後，於三月三十一日咨請總統依法頒佈召集令：第三屆國民大會第二次會議，定於同年五月五日開始集會。這次會議的目的正如大家所預期的。

　　本次會議的地點假臺北市陽明山中山樓舉行。會議議程內容如下：

　　一、修憲提案之審查，大體討論及三讀。

　　二、總統國情報告。

　　三、總統聽取代表之檢討國是，提供建言。

　　四、處理一般提案。

　　五、政黨協商及成立各種研究改革小組。

　　會議日程決定後，代表於五月一日起開始報到。總計報到人數（迄七月二十三日閉會止）共有三百三十三人。依政黨屬性分：國民黨：一百八十五人、民進黨：九十九人、新黨：四十六人、其他：三人。本次會議共舉行三十七次大會（其中包括二次臨時大會），其中最主要的任務仍是憲法的修改。❶

第一節　修憲版本的比較

　　第四次修憲，國民黨僅提第一號修憲版本，而民進黨則提出一百零七號「雙首長制」、一百零八號「總統制」、七十九號「台灣獨立共和國」等版本。此外，國民黨在與民進黨協商時，民進黨又將一百零七、一百零八號兩個版本結合修改為另一版本。民進黨共有四個代表性的版本，作為談判的主要依據。❷雙方推說是，依據國發會的共識與精神，草擬修憲條文，但是仍有極大的差異，其目的在做為表達政黨的政治立場，及修憲談判時的籌碼而已。

壹、修憲提案

　　本次大會自報到起，秘書處即開始收受代表修憲提案，共計一百二十八件。❸國民黨版修憲的重點：國民大會自第四屆起總額為二百五十四人，依下列規定，以總統、副總統選舉，各政黨所推薦候選人得票數之比例，分配各政黨名額。總統、副總統選舉，如須進行第二次投票時，以第一次投票各政黨所推薦候選人得票數之比率為準，不受憲法第二

十六條及第一百三十五條之限制：

㈠全國不分區二百二十六人。

㈡自由地區平地原住民及山地原住民各四人。

㈢僑居國外國民二十人。

前項各款，各政黨分配之名額，每滿四人，應有婦女當選名額一人。

在總統選舉方面，主張應以過半數之一組為當選，若未過半數則於十四日內舉行第二次投票，以得票最多之一組為當選，並自第十任總統、副總統選舉實施。行政院院長由總統提名，不必經過立法院同意任命，原憲法第五十五條不適用。立法院得經過全體立法委員三分之一以上連署，對行政院院長提出不信任案，並得同時呈請總統解散立法院；不信任案如未獲通過，一年不得對同一行政院院長再提不信任案。

立法院立法委員二百人，任期為四年，連選得連任。監察院改為準司法機關，不適用憲法第九十條、第九十四條之規定。

在省、縣地方制度，停止省長及省議員的選舉，將省長改為省主席官派，省議員改為諮議會，設省議員若干人，均由行政院提請總統任命。

　　民進黨一百零七號修憲版本，主要為雙首長制的提案，將國大代表自第四屆起改為一百人，任期為四年，採政黨比例方式選出。總統、副總統採多數當選。立法院設立法委員二百五十人，任期為四年，連選得連任。省置委員會，承行政院指示，協調縣際間自治事項，省委員會設委員九人，並以其中一人為主任委員，皆由行政院院長任命之。（要求修憲政黨協調附帶決議：行政院應成立省府精簡委員會，設委員若干人，依政黨比例產生，並以其中一人為主任委員，由行政院院長任命之。）在本修憲版本中，增加「公民投票」及憲法的修改程序等。❹第一百零八號修憲案，為總統制之提案。總統為最高行政首長，立法院設立法委員二百五十人，任期四年等。❺至於其修憲提案，則不在此討論。

　　代表提出之修憲案，依規定先送交「程序委員會」，再由該委員會提報大會進行朗讀議案、提案人要旨說明、疑義解釋及大體討論等第一讀會程序後，經大會作成決議，交付審查❻。

貳、修憲審查

　　五月十六日召開「修憲審查委員會」總召集人及各審查召集人聯席會議。決定依「大體討論」、「分組審查」及

「綜合審查」等三個程序進行。首先由修憲審查委員會就修憲提案大體討論後，分類分送各審查小組分組審查後，依規定繕具報告書提報大會討論。

五月二十一日，召開第一次審查會議，進行修憲提案大體討論之議程，並於下午正式進行討論「人民權利義務」。二十二日第二次會議討論「中央政府體制」，二十三日第三次會議討論「中央與地方權限及地方制度」，二十六日第四次會議討論「基本國策」，「不屬於其他各審查小組之修憲提案」❼。為期三天半的修憲審查委員會，經「大體討論」後，依類別分送各審查小組進行「分組審查」。

第一審查小組審查關於人民權利義務之修憲提案；第二審查小組審查關於中央政府體制之修憲提案；第三審查小組審查關於中央與地方權限及地方制度之修憲提案；第四審查小組審查關於基本國策之修憲提案；第五審查小組審查不屬於其他各審查小組之修憲提案。

參、分組審查

審查小組自五月二十六日下午至三十一日，共排定五天半之日程，分別進行相關修憲提案之審查。但僅就議案進行討論，不作決議❽。關於凍省修憲條文歸類於第三審查小

組，共十個提案。

第三審查小組共召開四次會議，審查情形如下：

第一次：八十六年五月二十六日就修憲提案第一號之修正條文第九條「有關省縣地方制度之修憲條文」進行審查。

第二次：八十六年五月二十七日繼續審查有關地方制度條文，並決議邀請台灣省省長，台灣省議會議長，行政院院長或指派代表列席第四次會議，就本會修憲提案，有關中央與地方體制問題：包括㈠「凍省」定義為何？㈡應否凍省或「廢省」？原因何在？㈢凍省應如何進行？何時進行？㈣中央與地方權限之爭議，應如何解決？㈤鄉鎮長與代表選舉應否廢止？等相關議題予以說明❾。

第三次：八十六年五月二十八日審查有關地方財政之條文及相關地方自治之條款。

第四次：八十六年五月二十九日依第二次審查小組會議決議，聽取相關單位就有關問題說明。上午台灣省長指派省府民政廳長陳進興，到會陳述相關意見。下午聽取行政院院長指派法務部常務次長姜豪，到會說明。委員們並就中央與地方權限及地方制度等相關議題，進行政黨交叉辯論，並對所審查之修憲提案，均分別作成「提請審查會決定」之決議，而結束審查工作。❿

　　第四次會議中，陳進興廳長代表省府反對凍省的立場，報告摘錄如下：「省府支持李登輝總統的憲改理念，但堅決反對任何版本及任何條文中有關凍省或虛省的主張，因為凍省或虛省對國家，社會的政治成本過高，影響太大。而根據中華徵信社所做的一項民調結果顯示，支持維持省府現制的民意高達六成以上，因此呼籲大家能依民意來修憲。行政效率和政府層級無關，反而和分工及權責歸屬有關，更何況政府中，省的行政效率最高。」❶

肆、綜合審查

　　自六月二日至六月六日，共舉行五天之綜合審查會議，對第三審查小組討論時間，分配為三百分鐘，綜合審查之討論順序，依序為：第一小組、第四小組、第五小組、第三小組、第二小組。

　　三黨原則同意採兩階段方式表決，第一階段：第一、四、五組討論後進行表決，分案分條表決。第二階段：第三、二組討論完畢後進行表決，分案分條表決。❷綜合審查修憲提案之議決方式：一、通過，提大會進行二讀；二、不通過，提大會決定。❸

　　六月四日下午五時完成第一階段之表決，五日展開第二

階段的綜合審查並於六月六日，對第三審查小組所審查之修憲提案，進行分案分條表決，共計表決十九案其中五案通過，建請大會進行二讀，其餘十四案未通過，則請大會決定。❶

本審查會於五月二十一日開始審查，迄六月七日結束，歷時十四天。共舉行修憲審查委員會議九次，並準備進入第二次讀會。

在修憲第一讀會中，國民黨與民進黨多次協商，將本次的兩黨修憲重點彼此條件交換，同時各自搬出國發會的共識，做為討價還價的籌碼。例如國發會提到凍結五項選舉，其中三項是國代、鄉鎮市長、鄉鎮市民代表以做為交換的條件。立法委員延長為四年，國代依政黨比例產生等，較無爭議。

而總統、副總統由絕對多數改為相對多數，取消行政院長的同意權，凍結省長及省議員的選舉，成為兩黨的交換籌碼。而國民黨內反凍省代表則與新黨合作，反對凍省。這些意見在第一讀會中，大家各提修正案，俾便進入二讀，逐條逐項表決時，再用多數決的方式，來確保修憲的通過與否。因此第一讀會等於是兩黨一派（反凍省派）的攻擊準備時間，在此先做好各項準備。

第二節　修憲凍省的角力

　　依據大會議事規則：「修改憲法之提案經審查完竣後，應於三日內連同審查報告書送由程序委員會交秘書處印送各代表。對於前項審查結果提出修正案者，應於收到審查報告書起，五日內擬具具體條項及附具理由，須有代表總額八分之一人數之連署，送由程序委員會交秘書處於二讀會開議前三日印送各代表」。❶並於六月七日起開始收受代表對「修憲審查結果提出之修正案」，計有一百七十七案，修正案均與審查通過建請大會進行二讀會修憲提案條文，併送大會進行二讀。

壹、廣泛討論

　　對於審查結果決議通過建請大會進行二讀之修憲提案四十七案，及上項修憲提案提出之修正案，內容性質相近者併類計十五項，而有關憲法省縣地方制度部分列為第十一類，正式進入修憲案第二讀會議程。六月二十五日二讀會開始前，大會先對「有關憲法省縣地方制度部分進行廣泛討論。

二、修正案第八十三號：（維持省長繼續民選）

(一)增修條文

刪除第一項。

(二)議決經過情形及結果

1. 曾代表憲棨等三十七人提停止討論動議，經提付表決結果：

   在場人數三百零九人，贊成者二百五十三人，超過半數。本案停止討論，依次提付表決。

2. 修憲提案第一號第九條第一項及其修正案之表決：

   修正案第八十三號提付表決結果：❿

   在場人數三百零九人，贊成者零人，未達成出席代表四分之三之法定人數，不通過。

3. 修憲提案第一號第九條第二項及其修正案之表決：

   修正案第八十三號提付表決結果：

   在場人數三百二十一人，贊成者零人，未達成出席代表四分之三之法定人數，不通過。

4. 修憲提案第一號第九條第三項及其修正案之表決：

   修正案第八十三號提付表決結果：

   在場人數二百七十三人，贊成者零人，未達出席代表四分之三之法定人數，不通過。

三、修正案第九十六號：（維持省長、省議員的選舉，但縮小省的轄區）

(一)增修條文

省、縣地方制度，應包括下列各款，以法律定之，不受憲法第一百零八條第一項第一款、第一百零九條、第一百一十二條至一百一十五條及第一百二十二條之限制：

1. 省設省議會、縣設縣議會，省議會議員、分別由省民、縣民選舉之。

2. 屬於省、縣之立法權，由省議會、縣議會分別行之。

3. 省設省政府，置省長一人，縣設縣政府，置縣長一人，省長、縣長分別由省民、縣民選舉之。

4. 省與縣之關係。

5. 省自治之監督機關為行政院，縣自治之監督機關為省政府。

6. 省之轄區不得超過中央政府統治泉所及轄區二分之一。

(二)議決經過情形及結果

修憲提案第一號第九條第一項及其修正案之表決：

修正案第九十六號提付表決結果：

在場人數三百零九人，贊成者一人，未達出席代表四分之三之法定人數，不通過。

四、修正案第一百一十一號：（省主席、省議員官派）

(一)增修條文

省、縣地方制度，應包括下列各款，以法律定之，不受憲法第一百零八條第一項第一款、第一百零九條、第一百一十二條至一百一十五條及第一百二十二條之限制：

1. 省設省政府，置委員九人，其中一人為主席，均由行政院院長提請總統任命之。
2. 省設省議會，置省議會議員若干人，由行政院院長提請總統任命之。
3. 縣設縣議會，縣議會議員由縣民選舉之。
4. 屬於縣之立法權，由縣議會行之。
5. 縣設縣政府，置縣長一人，由縣民選舉之。
6. 中央與省、縣之關係。
7. 省承行政院之命，監督縣自治事項。

(二)議決經過情形及結果

1. 修憲提案第一號第九條第一項及其修正案之表決：

修正案第一百一十一號提付表決結果：

在場人數三百二十一人，贊成者二百六十一人，已達成出席代表四分之三之法定人數。

2. 邱建勇代表提議重行表決，經主席徵求附議後成立。重行表決結果：

在場人數三百二十一人，贊成者二百五十九人，已達成出席代表四分之三之法定人數。

3. 李新代表提議反表決，經主席徵求附議後成立。反表決結果：

在場人數三百二十一人，反對者五十二人。修正案第一百一十一號通過。

4. 主席就已通過之修正案第一百一十一號，以及修憲提案第一號第九條第二項，第三項，合併為憲法增修條文第九條，提付表決結果：

在場人數二百七十三人，贊成者二百五十五人，已達出席代表四分之三之法定人數，通過。

5. 主席就已通過之修正案第一百一十一號，以及修憲提案第一號第九條第二項，第三項，合併為憲法增修條文第九條，提付表決結果：

在場人數二百七十三人，贊成者二百五十五人，已達出席代表四分之三之法定人數，通過。

五、修正案第一百二十號：（省主席官派，維持省議會及省
　　議員）

　　㈠增修條文

　　　地方制度，應包括下列各款，以法律定之，不受憲法
　　　第一百零八條第一項第一款、第一百零九條、第一百
　　　一十二條至一百一十五條及第一百二十二條之限制：

　　　1. 省設省政府，置委員若干人，其中一人為主席，均
　　　　 由行政院院長提請總統任命之。

　　　2. 省設省議會、省議會議員由省民選舉之。

　　　3. 縣設縣議會，縣議會議員，由縣民選舉之。

　　　4. 屬於縣之立法權，由縣議會行之。

　　　5. 縣設縣政府，置縣長一人，由縣民選舉之。

　　　6. 省、縣與中央之關係。

　　　7. 縣自治之監督機關為省政府。

　　㈡議決經過情形及結果

　　　修憲提案第一號第九條第一項及其修正案之表決：

　　　修正案第一百二十號提付表決結果：

　　　在場人數三百零九人，贊成者四人，未達成出席代表
　　　四分之三之法定人數，不通過。

六、修正案第一百二十六號：（增加副省長民選）

(一)增修條文

第一項第一款：

省設省政府，置省長一人、副省長二人，均由省民選舉產生之。

(二)議決經過情形及結果

1. 修憲提案第一號第九條第一項及其修正案之表決：

修正案第一百二十六號提付表決結果：

在場人數三百零九人，贊成者零人，未達成出席代表四分之三之法定人數，不通過。

2. 修憲提案第一號第九條第三項及其修正案之表決：

修正案第一百二十一號提付表決結果：

在場人數二百七十三人，贊成者零人，未達出席代表四分之三之法定人數，不通過。

七、修正案第一百四十號：（增加副省長民選，維持省議會）

(一)增修條文

省、縣地方制度，應包括下列各款，以法律定之，不受憲法第一百零八條第一項第一款、第一百零九條、

第一百一十二條至一百一十五條及第一百二十二條之限制：

1. 省設省政府，置省長一人、副省長二人，均由省民選舉產生之。

2. 省設省議會，縣設縣議會，省議會議員、縣議會議員分別由省民縣民選舉之。

3. 屬於省、縣之立法權，由省議會、縣議會分別行之。

4. 縣設縣政府，置縣長一人，縣長分別由縣民選舉之。

5. 省與縣之關係。

6. 省之監督機關為行政院，縣之監督機關為省政府。

(二)議決經過情形及結果

修憲提案第一號第九條第一項及其修正案之表決：

修正案第一百四十號提付表決結果：

在場人數三百零九人，贊成者零人，未達成出席代表四分之三之法定人數，不通過。

八、修憲提案第一號：（省長及省議員的落日條款）

(一)增修條文

憲法增修條文第九條第二項：第十屆台灣省議會議員

及第一屆台灣省省長之任期至中華民國八十七年十二
月二十日止，台灣省議會議員及台灣省省長之選舉自
第十屆台灣省議會議員及第一屆台灣省省長任期之屆
滿日起停止辦理。

(二)議決經過情形及結果

1. 主席就已通過之修正案第一百一十一號，以及修憲
   提案第一號第九條第二項，第三項，合併為憲法增
   修條文第九條，提付表決結果：
   在場人數二百七十三人，贊成者二百五十五人，已
   達出席代表四分之三之法定人數，通過。

2. 修憲提案第一號第九條第二項之表決結果：
   在場人數二百七十三人，贊成者二百五十九人，已
   達出席代表四分之三之法定人數，通過。

九、修憲提案第八十三號：（維持省議會及省議員繼續民選）

(一)增修條文
　　刪除第二項

(二)議決經過情形及結果
　　修憲提案第一號第九條第三項及其修正案之表決：
　　修正案第八十三號提付表決結果：

在場人數二百七十三人，贊成者零人，未達出席代表
四分之三之法定人數，不通過。

十、修正案第一百二十六號：（省長及省議會繼續維持）

㈠增修條文

第十屆台灣省議會議員及第一屆台灣省省長之任期至
中華民國八十七年十二月二十日止，任期均為四年。
台灣省議會議員及台灣省省長之選舉自第十屆台灣省
議會議員及第一屆台灣省省長任期之屆滿日前二月，
次屆之各選舉繼續辦理。

㈡議決經過情形及結果

修正案第一百二十六號提付表決結果：

在場人數二百七十三人，贊成者一人，未達出席代表
四分之三之法定人數，不通過。

修憲提案第一號第九條第三項及其修正案之表決：

修正案第一百二十六號提付表決結果：

在場人數二百七十三人，贊成者一人，未達出席代表
四分之三之法定人數，不通過。

十一、修憲提案第一號：（凍省後省政府的法源）

㈠增修條文

憲法增修條文第九條第三項：台灣省議會議員及台灣省省長之選舉停止辦理後，台灣省政府之功能、業務與組織之調整，得以法律為特別之規定。

(二)議決經過情形及結果

修憲提案第一號第九條第三項之表決結果：

在場人數二百七十三人，贊成者二百五十六人，已達出席代表四分之三之法定人數，通過。

十二、修正案第八十三號：（凍省後，省政府的法源）

(一)增修條文

刪除第三項

(二)議決經過情形及結果

主席宣佈：修憲提案第一號第九條第一項不再處理。

修憲提案第一號第九條第二項及其修正案之表決：

修正案第八十三號提付表決結果：

在場人數三百二十一人，贊成者零人，未達成出席代表四分之三之法定人數，不通過。

十三、修正案第一百二十一號：

(一)增修條文

台灣省省長之選舉停止辦理後，台灣省政府之功能、

業務與組織之調整，得以法律為特別之規定。

㈡議決經過情形及結果

修正案第一百二十一號提付表決結果：

在場人數二百七十三人，贊成者零人，未達出席代表
四分之三之法定人數，不通過。

十四、修正案第一百二十六號：（省議員及省長繼續民選，省政府功能調整）

㈠增修條文

台灣省議會議員及台灣省省長之選舉繼續辦理後，台
灣省政府之功能、業務與組織之調整，得以法律為特
別之規定。

㈡議決經過情形及結果

修正案第一百二十六號提付表決結果：

在場人數三百二十一人，贊成者零人，未達成出席代
表四分之三之法定人數，不通過。

修憲提案第一號第九條第二項及其修正案之表決：

修正案第一百二十六號提付表決結果：

在場人數三百二十一人，贊成者零人，未達成出席代
表四分之三之法定人數，不通過。

十五、修憲提案第一百零七號：（民進黨修憲版本）

(一)增修條文

1. 憲法增修條文第八條：地方制度，應包括下列各款，以法律定之，不受憲法第一百零八條條第一項第一款、第一百零九條、第一百一十二條至一百一十五條及第一百二十二條之限制：

一、省置省委員會，承行政院指示，協調縣際間自治事項。省委員會設委員九人，並以其中一人為主任委員，皆由行政院院長任命之。（要求修憲政黨協商附帶決議；行政院應成立省府精簡委員會，設委員若干人，依政黨比例產生，並以其中一人為主任委員，由行政院院長任命之。）

二、行政院與縣之關係。

三、縣設縣議會，縣議會議員由縣民選舉之；屬於縣之立法權，由縣議會行之。

四、縣設縣政府，置縣長一人，由縣民選舉之。

五、縣自治之監督機關為行政院。

2. 憲法第一百零七條第七款、第一百一十條第一項第十款、第一百一十一條至第一百一十七條及第一百

二十五條關於省之規定停止適用；憲法第一百零八條、第一百零九條規定之事項由中央立法並執行或交由縣執行之。省有關法律之廢止或修止或修正，得以法律為特別之規定。

(二)議決經過情形及結果

主席宣布：修憲提案第一百零七號第八條，因性質相同，不予處理。

主席就已通過之修正案第一百一十一號，以及修憲提案第一號第九條第二項、第三項、合併為憲法增修條文第九條，提付表決結果：在場人數二百七十三人，贊成者二百五十五人，已達成出席代表四分之三之法定人數，通過。❷⓪

第三節　李登輝凍省釋文

中華民國憲法增修條文，經第三屆國民大會第二次會議於八十六年七月十八日第三十二次大會三讀修正通過。經提付表決結果：在場人數二百六十九人，贊成者二百六十一人，已超法定人數，通過。主席宣告：中華民國憲法增修條文第一條至第十一條，完成三讀法定程序。修憲案第三讀會

至此結束。❷凍省之憲法增修條文原文如下：

第九條：省、縣地方制度，應包括下列各款，以法律定之，不受憲法第一百零八條第一項第一款、第一百零九條、第一百一十二條至一百一十五條及第一百二十二條之限制：

一、省設省政府，置委員九人，其中一人為主席，均由行政院院長提請總統任命之。

二、省設省諮議會，置議會議員若干人，由行政院院長提請總統任命之。

三、縣設縣議會，縣議會議員由縣民選舉之。

四、屬於縣之立法權，由縣議會行之。

五、縣設縣政府，置縣長一人，由縣民選舉之。

六、中央與省、縣之關係。

七、省承行政院之命，監督縣自治事項。

第十屆台灣省議會議員及第一屆台灣省省長之任期至中華民國八十七年十二月二十日止，台灣省議會議員及台灣省省長之選舉自第十屆台灣省議會議員及第一屆台灣省省長任期之屆滿日起停止辦理。

台灣省議會議員及台灣省省長之選舉停止辦理後，台灣省政府之功能、業務與組織之調整，得以法律為特別之規定。

　　修憲凍省完成三讀後，民國八十三年底選舉產生的首屆省長任期屆滿之時（87.12.20），省長及省議員從此走入歷史。李登輝在連續三天聽取國代檢討國是並提供建言後，利用綜合答復時間，針對「有關精簡省府組織，就是台獨」的說法，提出解釋：

　　其實精簡省政府組織，停止省長及省議員選舉，完全是基於確保政治安定和提高效能的考慮，停止省長和省議員選舉之後，台灣省依然存在，台灣省政府也仍然存在，只是將其組織、功能與業務作合理而必要的調整。目前中華民國有效統轄區域僅及台、澎、金、馬。而中央政府所管轄的土地與台灣省重疊百分之九十八，所管轄的人口與台灣省重疊百分之八十，在世界任何一個國家，中央與地方政府的垂直分工，絕對沒有這麼高度重疊的的例子。

　　已往行政首長民選，最高只有選到縣市長，總統還沒有民選的情況下，省長民選成為進一步落實民主政治的重要象徵，因此一般人將省長民選當作一個極力追求的政治目標。而在還沒有實施總統民選前，是無法阻擋民意要求的；如今總統、副總統已經完成民選，繼續辦理省長民選，只有負面的意義，而沒有正面的意義。中華民國政府在台澎金馬地區，近來從事任何民主化、合理化的改革，無一不被中共誣指為台獨，連睡覺呼吸都是台獨，甚至國內極少數的人，也

別有用心地加以扭曲為台獨。總統尚未民選之前，就有一些人極力中傷總統民選就是台獨，但是事實否定了這種惡意的污衊，如今極少數人還要誣指精簡省政府組織是台獨，這不過是老戲重演，沒有實質的意義。❷

　　今天，中華民國在台灣從事任何的改革，都是在中華民國的體制下，根據中華民國憲法的有關規定與程序進行，任何改革都不可脫離中華民國的國家認同與憲法程序，扭曲和污衊不僅不是愛護中華民國，反而是中華民國革新進步的阻礙。登輝自擔任總統以來所念茲在茲的，就是如何使人民生活得更好，使國家地位更提升，只要對人民有益，對國家有利的事情，登輝都會盡心地去完成，對這些不實的聲音，相信歷史會做公平的評斷。

　　以上李登輝總統所說的話，當我們從四次修憲的內容及其變化的速度，可以發現李登輝把中華民國的舊瓶，裝進了台獨的新酒，但卻仍以中華民國的商標來販售，這種「以獨制統」的兩手策略，很快的就會在歷史的明鏡前「狼狽現形」。

第四節　祥和會與省議會的串連

「祥和會」是正式向內政部申請立案的人民團體，成員約一百三十餘人，包括社會各階層人士，其中不乏憲政學者專家，和各級地方民代與社會人士，國大代表僅佔三分之一而已。因此，當年民進黨政策會執行長郭正亮與立委林濁水在電視上公開指陳「祥和會是一群黑金團體」，根本就是眛著良心說話。蔡永常國大代表遭「治平專案」逮捕，這是「政治黑手」赤裸「挾持民意」的最佳表現。民進黨不僅不撻伐，竟然將炮口對準「祥和會」，竭盡抹黑之能事，其中奧妙，不可言喻。

「祥和會」成員在當權者看來多具有叛逆個性，所以在國民黨團內部一直被冠上非主流的「叛亂團體」；但在黨外卻又被扣上「反改革」的帽子，形成兩黨夾殺，裡外都不是人的窘境。身為成員之一，筆者必須很負責的說，在當時的時空背景下，「祥和會」所爭取者，不是權力、更不是位子，如果是，筆者早已安穩坐在李登輝所賞賜的職務上，根本不會淪為黨紀處分、殺雞儆猴的犧牲者。

「祥和會」的主張很簡單，只是希望國民黨應讓參與修

憲的國大代表們能對人民及歷史負責，因為修憲是修改國家根本大法，攸關國家前途的走向與人民的福祉，必須在黨內經過民主程序做充分討論。換言之，「祥和會」所對抗者，並不是民進黨，也不是國民黨，而是「披著民主改革外衣的獨裁者」！所以當國民黨蠻橫的提出黨版修憲凍省時，「祥和會」除了公開反對，早已別無他法。

八十六年六月二日，國民黨國大黨團召開黨團會議，黨中央派吳伯雄、蕭萬長、饒穎奇等「三人決策小組」親赴陽明山中山樓疏通。筆者向來尊敬吳伯雄，本無意當面指責國民黨，但事前有看不過去的黨工特地傳達訊息：「安撫是假，製造摸頭、收編假象為真，藉以瓦解黨內支持祥和會的力量」。同時新竹的地方黨部義工也向筆者痛陳，「我們支持你到國民大會，是希望成為捍衛中華民國憲法的尖兵。國、民兩黨合謀倉促修憲凍省，不但會毀掉國家的根基，也是撕裂國民黨的第一步，千萬不要做出親痛仇快之事。」

基於忠誠反映民意，筆者只有不顧吳伯雄秘書長的情面，當著蕭萬長與饒穎奇，痛批國民黨曲意迎合民進黨的台獨主張，盡做些割地賠款之事是「敗家子」、「將淪為歷史罪人」；國代楊榮明也發難，「此次修憲是人民的災難，凍省將斷絕國民黨的根」。隨後，炮聲隆隆，此起彼落，只見饒穎奇頻頻出面阻止，但毫無效果。

　　面對「祥和會」成員的連番抨擊，讓吳伯雄尷尬不已，連素有「微笑老蕭」的蕭萬長也面無表情，只剩下饒穎奇口沫橫飛、怒不可抑地指責我等國代，要求大家必須相信國民黨，絕對不可能有出賣黨的行為，希望大家能以大局為重。國民黨低估「祥和會」的凝聚力，原先想演一齣「團結大會」來壯聲勢，以消弱支持宋楚瑜者的反抗意志，沒想到最後卻搞砸成「批判大會」。國大工作會主任莊隆昌為免進一步失控，反助長我方的氣勢，因此藉故要求大家停止發言，雙方不歡而散。

　　蕭萬長明白「祥和會」的凝聚力難以動搖，深知無法達成李登輝所交付之任務。因此，會後特別私下約談筆者，再次測試反凍省的底線，以及宋楚瑜對「祥和會」成員的影響程度，希望回去後多少能對李登輝有所交差。蕭萬長開門見山就說，「精省已勢在必行，只是精簡省府組織層級，絕非凍省；更不是針對某人」。筆者則明確的告訴蕭萬長，「你有你的堅持，我有我的立場，國民黨的版本就是凍省，這是毫無疑義的。至於是否針對某人，歷史會證明這一切」。

　　在疏通無力後，國民黨乾脆以「宋楚瑜對精簡省府的看法與中央一致」來混淆視聽；同時更釋放出「可以延長省議員任期一年」，藉以化解省議員凍省的反彈。豈料此舉卻引起省議員更大的反彈，部分省議員表示根本不稀罕，亦有人

指陳這分明是公然賄選。六月十七日，省議員不滿的情緒達到最高點，在國民黨籍省議員劉銓忠帶領下，包括林正二、林淵熙、林春德、鄭金鈴、鍾紹和、張明彬、張蔡美、賴誠吉、羅明旭、曾華德、曾蔡美佐、周錫瑋、方良醫、邱創良、陳超明、陳明文、傅學鵬、顏清標、謝章捷，及新黨議員趙良燕、楊泰順等二十餘人，齊聚陽明山中山樓，正式與「祥和會」公開串聯，強烈表達反凍省決心。

惟這場驚動黨中央的「誓師大會」，也在國民黨列舉筆者「六大罪狀」祭出黨紀處分，繼而以立委「提名權」作為籌碼後，逐步瓦解。

由於「三人決策小組」的草山之行無法動搖「祥和會」的意志，迫於時間壓力，避免戰線拉長，李登輝只有親披上陣。六月十九日，透過「祥和會」精神領袖即考選部長陳金讓的居中安排，將筆者及會長陳治男、成員李繼生、林正國、張榮顯、陳進丁、黃德鴻等七人約到總統官邸。李登輝除了再三強調沒有「凍省、廢宋」的意圖外，更搬出先總統蔣公早有廢省之意，精簡行政層級是全民共識，也是提升台灣競爭力的當務之急。筆者起身，一語道破，「如果凍省只是擔心產生葉爾欽效應，或是省府與中央機關重疊的問題，可將省長改為官派，但維持省議員選舉，保留省議會自治法人地位；至於行政區重疊的問題，可透過行政區劃方式解決

即可，根本無需大費周章的修憲，更不用您老人家親自出馬。」只見李登輝以不屑的口氣直說，「我當過省府主席，我最清楚。精簡省府組織和凍省是兩回事，不要混為一談，徒增修憲阻力。」

其實最讓與會者心灰意冷的不是在於他凍省的決心是如此的堅持，而是所謂精簡行政層級究竟具體內涵為何？程度又是怎樣？配套措施又有哪些？李登輝卻語焉不詳，只是一味地「拜託」要以大局為重。所以，大家始終不曉得李主席心中所勾勒的國家藍圖到底是什麼模樣。在無法明確解釋「凍省」與「精簡」的差異下，這場歷經二小時又十分鐘的夜談，雖沒有交集，但也相敬如賓毫無爭執，因為大家對李登輝早已心如止水。之所以赴會，一來是尊重李登輝乃一國之君、一黨之主；二來是不想背負「頑劣」、「造反」、「無法溝通」、「一意孤行」等非理性的罵名。

在修憲二讀的前夕，國民黨再度密集動員、強力運作，李登輝於七月六日在總統府召見五十位連任二屆以上的黨籍國代，重申凍結省級自治選舉及精簡省府組織的堅定立場；更大放厥詞的表示「三年前通過省自治條款、舉辦省長選舉，是符合社會期望的重要進程；而今天規劃停止省長、省議員選舉，更是關係國家未來發展的必要做法。」講到激動處，轉過頭來將兩眼投射在筆者身上，特意拉高語調的說

「適時而為、順勢而行，才是確保改革成功的基本原則。」
筆者適時回以：「報告總統，請您聽聽另類的聲音」，並再
次陳述「省長改官派、保留省議員選舉，維持省政府法人自
治地位」的一貫立場；並意有所指的說「沒有誠信的修憲與
一己之私的凍省主張，終將難逃歷史譴責。」李登輝臉一
沉，雖並未予以回應，但也加深他除之而後快的決心，黨紀
處分，早晚的事。

　　而在進入三讀程序前四十八個小時，黨中央與「祥和
會」的攻防相當激烈。在李登輝這張「主席牌」失效後，國
民黨不惜動用「所有的資源」企圖扭轉情勢，包括檢調、查
稅等恫嚇手段，甚至連「治平掃黑」可能名單都隱然若現，
一百八十位國民黨國代家中電話響個不停。表決前夕，「祥
和會」在國賓飯店召開秘密會議，結果反凍省最力的台中縣
紅派首先出現鬆動現象，幾名紅派國代向會長陳治男表示
「無能為力了」。

　　而黨中央在此時也不斷對外放話，傳出「高層有意促成
連宋配」、「祥和會是阻礙連宋配的罪魁禍首」等耳語似乎
也奏效。投票當日凌晨五點，有人主戰，也有人主和，有人
長嘆「大勢已去」，也有人不願退縮。隨後陳治男、龔興
生、林正國、陳進丁、黃德鴻等五人，決定在表決凍省案時
退出會場，不願與凍省派直接對決。消息傳到國民黨中央

後，認為「天助我也」，即刻派出陳金讓給予「祥和會」最後的致命一擊，同時也請王金平親赴中山樓安撫反凍省大將林淵源。

表決在政策會執行長饒穎奇一句，「安啦。」以及國大工作會主任莊隆昌「晚上吃宵夜！」的嘻笑聲中展開。投票結束後，筆者只有在淚水的陪伴下，帶著一顆坦蕩的心，拖著沉重的步伐，無愧地步出如斷頭台般的中山樓議場。

❶第三屆國民大會第二次會議實錄上冊　國民大會秘書處編印
　出版，民國八十七年三月初版。P.14

❷第三屆國民大會第五次會議實錄　國民大會秘書處編著出
　版，民國八十九年十二月初版。P.426

❸第三屆國民大會第二次會議實錄上冊　國民大會秘書處編印
　出版，民國八十七年三月初版。P.127

❹第三屆國民大會第二次會議實錄上冊　國民大會秘書處編印
　出版，民國八十七年三月初版。P.245-P.259

❺同上書。P.259-P.267

❻同上書。P.164

❼第三屆國民大會第二次會議實錄上冊　國民大會秘書處編印
　出版，民國八十七年三月初版。P.166

❽第三屆國民大會第二次會議實錄上冊　國民大會秘書處編印
　出版，民國八十七年三月初版。P.169

❾同上書。P.179

❿第三屆國民大會第二次會議實錄上冊　國民大會秘書處編印
　出版，民國八十七年三月初版。P.179

⓫民國八十六年五月三十日，中國時報三版。

⓬第三屆國民大會第二次會議實錄上冊 國民大會秘書處編印 出版，民國八十七年三月初版。P.188

⓭同上書。P.189

⓮同上書。P.191

⓯國民大會議事規則第十七條。

⓰第三屆國民大會第二次會議實錄上冊 國民大會秘書處編印 出版，民國八十七年三月初版。P.528

⓱參考附錄㈠

⓲省議會改為省諮議會，省議員改為省諮議員。

⓳維持省議會、省議員由省民選舉。

⓴第三屆國民大會第二次會議實錄上冊 國民大會秘書處編印 出版，民國八十七年三月初版。P.528-531

㉑第三屆國民大會第二次會議實錄上冊 國民大會秘書處編印 出版，民國八十七年三月初版。P.586

㉒第三屆國民大會第二次會議實錄上冊 國民大會秘書處編印 出版，民國八十七年三月初版。P.683

第四章

修憲凍省的秘辛

　　從昨是今非的省長民選，到修憲凍省，從制度面上我們可以很清楚的瞭解凍省的過程，為何「一機關兩階段」的修憲結束後，在短短的時間裡又要再修憲；為何修憲前要先召開國家發展會議，提出憲政的共識，然後再由具有修憲資格的國代來進行憲法條文的變更呢？而國發會所謂的修憲是共識的準備會議呢？還是套在國代頭上的金箍咒？另外在人數龐大的國代裡面，到底又有誰知道憲法一修再修的真相呢？

　　第四次修憲時，整個國民大會籠罩著一股不知「為何修憲，為誰修憲」的氣氛。國發會召開後，李登輝為了要讓該會議題打鐵趁熱，避免夜長夢多，隨即宣告進行第四次修憲，相較於國是會議時及第一次修憲頒佈增修條文的情況不同，因為第一階段的「程序修憲」有時間的急迫性，但是國發會後的第四次修憲，並沒有急迫性，首屆省長的任期剛過一半，利弊得失尚無法評估，修憲後的省自治制度，剛在起步，卻又匆匆的將省長及省議員選舉凍結，耗費國家鉅大資源的省長直選，而今一個體制外的會議，單憑幾個少數人的意見就做出凍省共識，未免太過草率。如果依李登輝凍省說法，省級地方制度根本不須要修憲。因為打從第二次修憲時，總統直選就已是李登輝的「成見」，更何況總統直選的修憲剛通過。八十三年底省長直選可謂多此一舉。因此筆者

身為第二、三屆國代，參與了三次修憲（2-4次），有必要把凍省的秘辛公諸於世，同時也為中華民國憲政發展史作見證。

第一節　凍省的遠因

台灣省政府及省議會，一直是省政運作中心。省主席官派及省議員直選，亦是中央來台後的省政運作模式。所謂台灣省與中央行政區及人口的重疊，也一直是存在著。身為總統的李登輝，就是從官派的省主席當選副總統，對於台灣省的施政了然於胸。其次，在省政運作上，官派主席與民選省議員之間的監督與制衡，也沒有格格不入之處。更何況長期以來，在國際的政治宣傳及對大陸的政治號召上，也都是以三民主義的「模範省」－台灣，作為訴求的內容，更何況，台灣五十年來的發展，在國內外，也是有口皆碑，何來凍省之議？

李登輝當選第八任總統後，為了凝聚憲政改革共識，在國是會議中，做成「總統選舉方式」必須改變及省主席官派改為「省長民選」的結論。如此一來台灣地區，上至總統，下至村里長都是用選舉產生。民意代表方面，更是從國代、

立委，省（市）、縣（市）議員及鄉鎮市民代表，同樣是由民意決定。從此中華民國的民意政治，完整建立。國是會議之後，我國的政治發展，以「選舉」來決定在野與執政，其實這也是民主政治的常態。遺憾的是，在這種以選舉做為競爭策略的民主規則，在李總統與民進黨的合作中變調，反而以「本土化」與「非本土化」做為競爭的主軸，台灣的民主選舉，貌似民主，其實暗地裏藉著選舉，有計劃、有步驟地實現台灣「獨立建國」的政治陰謀，形成政治上「統痛獨快」的兩極發展。

在國是會議中，李登輝自詡引進了「新興力量」，達成符合民意的「革新共識」。有了國是會議的背書，再運用當時國民黨強大的黨機器推動落實。劍及履及的在黨內成立憲政改革小組，推動修憲；另一方面在總統府內成立國統會，著手進行兩岸關係調整，以緩和來自中共的壓力。❶事實上，多年後回顧國是會議的功能，其實祇是李登輝鞏領導地位的手段，並藉以吸納反對黨的政治力量而已。

李登輝美其名的「新興力量」實際上就是指民進黨，尤其是早年遭到政治壓力而滯留國外者，及因美麗島政治事件在國內服刑者（參與國是會議時的民進黨代表）。李登輝就職後，以新任國家元首的特赦權，釋放當時的政治犯，讓早期的政治異議份子，重回到國家體制內來論政。因此國是會

議中，這些早期所謂的政治「黑名單」人士，如今躍身成為總統的座上賓，在會中發言盈庭。在萬眾矚目的國是會場內外，自然而然的，渠等一言一行，受到媒體及社會高度的關注。經大肆報導後，儼然成為社會的話題焦點。總統直接民選、資深中央民代儘速退職、省長民選、廢除臨時條款等，❷從此成為是台灣的主流民意。

其實打從縣市長（含）以下的地方行政首長，人民直接選舉，已行之多年。解嚴後，有些人不斷主張直轄市及省府首長直接民選。民進黨正式組黨後，對於選舉的規劃，更是不遺餘力。凡是能運用選舉來改變現況的議題，都被提出來當作政治號召，藉以凝聚群眾，壯大聲勢。這些訴求中，執政當局也曾邀請學者專家研究。其中北、高兩市，困難較少。台灣省則考慮到國情及政治現實，認為不宜採行。眾所皆知，台灣的政治反對勢力，從黨外到建黨，最終的政治目的就是「台獨」。所以中央民意代表全面開放民選後，台灣全島就瀰漫在「統獨大戰」的煙硝中。李登輝上台後，其成長背景及人格特質與民進黨的成員，神似之處甚多，在這種說不清、剪不斷的心理因素，相激相盪下，民進黨所提出的政治議題，剛好成了李登輝執政時「採陰（謀）補陽（謀）」的大補帖。

回顧李登輝執政以來，民進黨的所有政治議題，幾乎照

單全收。在李登輝的推動下，也成為國民黨內部本土派的補藥，更獲得民進黨支持與呼應。

李登輝這些吸功大法，從第九任總統大選時的得票率，充分表現無遺，並把民進黨的得票率局限在 20% 至 30% 之間游移。開放省長的直選，不僅可增添李登輝的民主美名，而且以當時國民黨與民進黨之間的實力比較，省長勝選非國民黨莫屬。有了省長的支持，將來總統直選時，省長就成了總統直選最大的椿腳，對於自己的競選可說是百利而無害。民進黨方面的盤算則是一旦省長直選，北、高兩直轄市，也必須開放民選，對該黨來說，無疑是最大的利多。終於有爭逐最高地方行政首長的機會，不管選舉的勝敗如何，有了參選的機會，豈可錯失。結果在李登輝及民進黨的有志一同下，不計利弊得失，而獲得了省長直選及改變總統選舉方式的共識。

第九屆總統、副總統直選時，國民黨不滿李登輝的人，再次分裂出兩股挑戰力量：陳履安、王清峰；林洋港、郝柏村；民進黨的參選人則是彭明敏、謝長廷。在競選的態勢上，民進黨票數的變化在選前可以預估，但陳、林兩組，尤其是林洋港與郝柏村較屬於隱性票源，是否造成李、連的威脅，較不可測。整個大選過程，果如初期預判，在省長宋楚瑜的全省助陣，一場號稱五千年來的第一仗－總統全民直

選，將李、連聲勢，襯托得沸沸揚揚。再加上民進黨約 10% 至 15%的「棄彭保李」效應，終於把李、連推上了民意的高峰，獲得絕對多數選民的支持。

其實，在省長民選時，許信良為民進黨參選人陳定南，全省操盤時，對宋楚瑜的政治實力與群眾魅力，已經有了深刻的體會。選舉結束後，認為省長直選一役，宋楚瑜將是除了李登輝之外，無人能超其上的第二號人物。往後如果總統與省長屬不同政黨，民選的省長很有可能會發生像蘇聯的「葉爾辛效應」的政治危機。❸相對於中央政府的施政，將會形成無法言喻的壓力，甚至危及總統的領導地位。每當省長愈用心於省政建設時，以李登輝為首的國民黨本土派人士就愈加心驚肉跳。

在民進黨方面，宋楚瑜無疑是該黨執政總統之路的巨石，單憑民進黨的力量，要擊敗宋楚瑜的參選總統，那是癡人說夢。政治現實的考量，唯有與李登輝合作，才能扳倒宋楚瑜，就像李登輝繼任總統後對於外省籍勢力的瓦解，所採取的策略模式一樣。用李煥換掉俞國華，郝柏村取代李煥，再用民進黨的力量，逼使郝柏村下台，改由本省籍的連戰接任閣揆。而今要如何把宋楚瑜拉下馬，為今之計，祇有與民進黨合作，用修憲的方式—「凍省廢宋」。古人常說：「非我族類、其心必異」。李登輝為了加速黨政軍血統的「純李

化」。祇好藏良弓、烹走狗，與民進黨沆瀣一氣，迫害黨內
忠良。

第二節　凍省的近因

　　站在選票就是民意的角度而言，總統直選的票數，與省
長直選的民意，幾乎不分軒輊。尤其是李登輝初嚐總統直選
所獲高得票率的果實之初，立刻想起宋楚瑜在助選過程中，
對選舉的熟悉度及群眾魅力，國民黨內將無人能擋。尤其是
四年任期的總統，一晃眼就到了，自己雖然勝選，但是第十
屆的總統大選，繼續參選的可能性，已微乎其微。而自己培
養的接班人，行政院長連戰甚至擔任第九屆副總統時仍兼任
閣揆，卻依然無法有效提振聲望，社會上還發生許多的重大
案件，造成民心浮動。

　　在李登輝建構的人事佈局中，屬意連戰接班。故而從省
主席、行政院長、副總統兼閣揆，一路拔擢，不遺餘力。但
是宋楚瑜在省主席及省長任期中，所蓄積的能量與民意支持
度，更是令當時有意問鼎總統者，望塵莫及。換言之，只要
宋楚瑜表態參選總統，將無人能敵。

　　然而第十屆總統大選，國民黨面對民進黨的虎視眈眈，

黨內又有宋楚瑜的睥睨群雄。李登輝心目中的連戰，處境真是岌岌可危。如何為連戰排除參選阻力，如何安排退休後的台灣政局，當急之務就是把宋楚瑜拉下馬。如何讓宋楚瑜在政治舞台消失，或轉換一個不容易發揮影響力的位置，放眼當時的情境，除了行政院長之外，幾乎沒有適合的地方。若是安排資政之類的酬庸，以宋楚瑜之個性與年齡，是不可能接受。唯一的方法是把省長及省議員的選舉凍結，讓省虛級化，而且是採修憲的方式，從根拔起。

省長與省議員之間，雖是制衡關係，但是省議員如與省長互動良好，在競選的過程中，絕對有拉抬聲勢的實質效果。因此省議員與省長的關係形同唇齒，相互依存。依此推論，要徹底終結宋楚瑜在台灣省的影響力，不僅是要凍結省長選舉，省議員的選舉也須一併廢止，讓省級的競選活動停止。除此之外，為求徹底，一勞永逸，必須把省政府改變成行政院的派出機關，甚或「福建省化」，亦在所不惜。

然而經過了三次修憲，若欲再進行第四次的修憲，將會有理不直氣不壯的顧慮，甚或師出無名。最好的辦法就是與民進黨合作，再一次的採體制外的會議方式，提出新的議題，並用其他名義包裝，迫使與會者達成共識。這也就是何以李、連獲得 54% 之選票，而且在國民大會中國民黨依然有過半數的代表席次時，卻仍急於要召開國發會，並直接了

當的與民進黨主席許信良合作，透過民進黨的力量，共同
「凍省廢宋」。其次，連戰的總統之路也一直不被許信良看
好；長期以來做著「總統春秋大夢」的許信良，自信十足的
認為，自己將是民進黨內的唯一人選。在如此情況下，與李
登輝合作，共同築起了國發會的舞台，做為凍省廢宋的「斷
頭台」。

第三節　修憲凍省經過

　　修憲第一讀會（05.14-05.20）進行提案審查。審查的程
序依大體討論、分組審查及綜合審查三個步驟進行。五月二
十一日召開第一次審查，到六月七日結束，共十四天。隨即
進入修憲第二讀會，（06.07-07.18）在這段二讀會過程中，
凍省與反凍省代表，進行了一場激烈的對抗。國民黨與民進
黨合作「凍省」，國民黨次級團體「祥和會」與新黨代表聯
合反對「凍省」，雙方你來我往的談判折衝，國民黨用盡各
種方法與卑劣手段，務必要摧毀反凍省聯盟，同樣的，反凍
省代表也在且戰且走的情況下，使出渾身解數，進行對抗。

　　六月二日的上午，為了成功護送國民黨版修憲提案進入
二讀會，國民黨秘書長來到陽明山主持國大黨團的「誓師大

會」，不料部份國代，砲口向內，痛批黨中央與民進黨的妥協。筆者也在會中提出兩點意見：

一、參選國代原本要扮演捍衛中華民國憲法的尖兵角色，如今卻因立法院黨團的不團結，無法讓行政院長上台施政報告，國民黨國大黨團要代人受過，以修憲來解決，讓人難以接受。

二、國民黨版將國代產生方式改為依附總統選舉，等於是實質廢國大。本人在回新竹時，基層就有人質疑：何以要迎合在野黨台獨主張？基層要求國代要反凍省，認為反凍省成功，可為年底縣市長選舉打一劑強心針。最後筆者期盼本黨主席及參與民進黨協商的代表，勿做國民黨的「敗家子」、「割地賠款」。結果「敗家子」、「割地賠款」等話一出，引起國代對凍省的激烈批評，「誓師大會」草草結束。❹

六月五日筆者要求與吳伯雄秘書長會面，建議由國大議長錢復出面召集朝野國大集會協商，凝聚共識後再進行修憲。筆者面告吳秘書長，修憲的主體畢竟是國大代表，而且國大的自主性日益提高，應該受到尊重。同時也解釋在黨團誓師大會中所說的「敗家子」不是指秘書長，而是指黨團的一些幹部應該在謀略上多著墨。民進黨是依照「台灣憲草」

化整為零的方式偷渡，而黨團卻沒能阻止，是希望黨團幹部能夠多注意。秘書長則希望祥和會能夠支持黨的修憲。❺

　　國民大會修憲，即將進入二讀會的關鍵議程。為化解反凍省勢力，國民黨秘書長吳伯雄、修憲諮詢顧問小組召集人蕭萬長、中央政策會執行長饒穎奇輪番與黨籍國代分批座談，希望黨籍國代支持黨版修憲案，但堅決反凍省的祥和會在六月十八日晚舉行聯誼會後強調，對於反凍省的議題，祥和會並未軟化。❻

　　國民黨打出「主席牌」由李登輝主席親自出馬於六月十九日晚與祥和會幹部餐敘時明確指示：凍省與精簡省府層級是大家認知上的問題，大家的疑慮定要釐清，社會各界對此不應混為一談，以免造成修憲阻力。筆者認為精簡體制與凍省在文字上很難釐清。並向李主席提出祥和會的反凍省立場，希望能採行「省長官派，省議會維持自治法人地位」的建議，但沒得到回應。❼

　　在黨主席約見祥和會主要反凍省成員後，為了避免遭到外界疑慮，以為反凍省成員在主席摸頭後放棄立場，筆者特別在六月二十日對外表示：國大目前四處遍佈反凍省的「地雷」，而反凍省勢力預估有六、七十票的實力。祥和會同時將結合省議員、新黨及反凍省大老林淵源等多股勢力，準備在二讀會中「大顯身手」。無論李對「凍省」與「精簡

省府」的解釋為何，祥和會仍舊堅持反凍省的立場。❽

　　根據議事規則，二讀會中只要有四分之一的國代即可否決提案，因此全數三百三十三位國代中，只要有八十四人不舉手，凍省提案就不通過。而目前除了新黨四十六票堅決反凍省外，要湊足其餘的三十八票並非難事。為化解修憲反凍省勢力，國民黨台灣省黨部二十一縣市黨部主委於二十一日會師台北，與國大黨團互相報告最新動員情況，試圖化解反凍省國代。

　　此時反凍省的部份國代，在國民黨高層全力疏導後，反凍省聲音逐漸降低。眼看反凍省的國代在黨團恩威並濟的疏通下，又經過主席的約見，氣勢似乎低沉下來，為了要鼓舞反凍省同志的意志，筆者在六月二十五日聯合報十一版投書，指出不反對改革，但不是盲目改革。為對抗黨中央強大的疏通力量，反凍省勢力在台北成立聯合指揮中心，以化明為暗方式和黨中央展開拉鋸戰。為防止某些國代「意志不堅」，筆者於二十六日發表一份「護黨無罪、愛國有理」的反凍省說帖，來鞏固國代的反凍省意志。❾並與堅持反凍省的新黨黨團形成「訊息互通策略、只問人數不問誰」，彼此尊重互信的默契。

　　祥和會部份修憲主張固然與新黨不全然相同，但雙方卻在「反對延會、休會與反凍省議題」，成為親密戰友。特別

是在反凍省上，新黨國大黨團明確表態反凍省四十六票確定不變，但在串聯動作上，由筆者及其他成員出面主動聯繫，新黨方面也尊重國民黨反凍省勢力集結，從來不問「有誰」。

筆者對外表示，進入二讀程序的國民黨版內容是「實質凍省、廢省」，而非精簡省的行政層級。

今天如真的要精簡層級的話，方法有很多，包括行政區重劃、落實省縣市地方自治、行政程序簡化等，都可以改善現況。❿因此，「反凍省」的宣言，即使遭受黨內處分，也將在所不惜，因為祥和會是為「憲政法理」之爭，絕對不是為反對而反對。

六月二十六日，台灣教授協會與建國黨成員，到國大議場外表達其對本次修憲的立場。台灣教授協會主張徹底凍省，以達到最終的廢省目標。建國黨主席李鎮源則強調台灣需要的是制憲、廢省，如果台灣省政府還存在，等於承認台灣是中國的一部份。⓫

第四節　修憲凍省秘辛

　　本次修憲，國民黨在陽明山中山樓設有聯絡中心，由秘書長吳伯雄、修憲諮詢顧問小組蕭萬長、國民黨中央政策會執行長饒穎奇，考選部長陳金讓（負責疏通祥和會成員）等輪番上山督軍。並在附近的青邨小木屋設立一個隱密的接待所，專門用來約談反凍省的黨籍國代，同時更採取許多卑劣的手段，終於瓦解反凍省聯盟，事後檢討反凍省的失敗，可以歸納如下的幾個原因：

一、李登輝的公報私仇

　　李登輝在發派擔任省主席時，其獨子李憲文早已因癌症住院。民國七十一年三月二十一日不幸過世，喪子之痛，無法言諭。惟適逢台灣省議會第七屆第一次大會召開，也是李登輝就任省主席後第一次赴省議會做施政報告及備詢，部份省議員（國民黨籍、黨外均有）認為不應該放棄其質詢的職責，而不同意李主席請假，因此如期於三月二十五日進行施政報告。

施政報告完畢後，李登輝急欲趕回台北，部分黨外議員仍緊抓不放做報告後之即席質詢。由蘇貞昌議員首先進行，但李登輝因心情不佳，對議員之詢問心不在焉，當時雲林籍省議員陳錫章見狀即在會場內外個別進行協調，終在周滄淵議員發言後，草草結束即席質詢，否則還會再拖下去。七十四位省議員，僅蘇貞昌、洪性榮、黃玉嬌、余玲雅、蘇洪月嬌、周滄淵等六位議員質詢。

經此事件後，李登輝對省議會議員，留下了很深的不滿情緒。故有了凍結省議員選舉的機會，當然不會手軟。而當時在會場外為李登輝排解的陳錫章議員，更是在李登輝一手拉拔下，進而提名其擔任監察委員與第二屆全國不分區之立法委員。外界對李登輝愛恨分明的個性早有所聞，而在這次的事件中，表現一覽無遺。

二、李登輝與民進黨的利益掛勾

許信良初任民進黨主席時，黨中央的財務相當惡劣。因而在吳伯雄的安排下，當選主席當晚，即「夜奔敵營」與當選第九任總統的李登輝密會。除了訴苦民進黨的財務惡化之外，其個人財力亦有不足，根本無法把注渡過黨務運作之困難，希望李總統能協助舒困改善。李登輝除了交待黨營事業

濟助並尋求民間企業友人協助，更假公濟私，透過立法院修正「公職人員選舉罷免法」的機會，通過「政黨補助經費」。從今天回頭看歷史，這段過程正符合李登輝對民進黨的「奶水論」；更是促進二千年的政黨輪替，完成李登輝和平移轉政權的夢想。

三、宋楚瑜的民意惹禍

第九屆總統直選時，當時的秘書長吳伯雄，陪著李登輝到台灣省各縣市競選。而在省長宋楚瑜的陪同下，李登輝赫然發現他這位前省府主席在台灣省的政治魅力，竟然遠不如勤跑基層的宋楚瑜。總統選舉結束後，李登輝在台灣省獲得的選票更與宋省長相差不多，因而心存芥蒂，再加上週邊成員適時讒言獻計、穿小鞋，便開始提防宋楚瑜坐大，避免「葉爾欽效應」的產生。

宋楚瑜賣力的為李登輝輔選，竟是造成日後「連宋配」破局、「李、宋」分道揚鑣的主要原因。只是沒想到李登輝在修憲凍省前還將宋楚瑜找去台北賓館，大言不慚的告訴他「不會凍省，只是精省」。一國元首，言行不一，令人慨歎！

最後，省長宋楚瑜選擇尊嚴的離開，並在八十五年十二

月三十一日宣布辭職，聲明全文如下：

「楚瑜誠心誠意支持李總統、連副總統的行政革新，支持政府整體憲政體制的檢討、行政程序的簡化，以及支持民主改革的決心，這種支持的心意，絕對不會改變，作為一個有尊嚴的、驕傲的中國國民黨黨員的立場，亦不會改變。

一、楚瑜對台灣省從光緒十一年（西元一八八五年）建省以來，歷經一百一十一年的歷史，不敢或忘；楚瑜雖不生於斯，但長於斯，吃台灣米、喝台灣水長大，對台灣充滿感情，做為台灣省首任首長，卻被要求處理所謂『凍省』的善後工作，情何以堪？

二、省府同仁全力投入省政，真心誠意、實實在在的工作，卻被責為『效率不彰』，成為『虛級化』和『凍省』的理由，身為省長，理應負責。

三、省府存廢，攸關省民福祉及省民諸多服務項目，省的重大改變，勢將影響施政理念的落實，以及省民相關福祉照顧，如此重大的決策，身為首長，不能洞察於先，又不能說服、善後於後，作為政務官，理應負起責任。

四、台灣推動民主數十年打拚的成果，才有台灣省長的產生，大家所期盼的省長，是一個能代表台灣人真正精神的省長，這種精神就是讀書人所說的『一士諤諤』有骨氣的精神，台灣省長所需要的不是同情，而是台灣人所

需要的尊嚴和頂天立地的風格。」

宋省長在省議會發表辭職聲明後，副省長暨各廳處長也一致表示跟進，宋楚瑜除慰留外，並指示政務副省長吳容明，在他辭呈尚未獲李登輝總統、副總統兼行政院長連戰批示前，暫時代理他的職務，以免公務受到影響。

四、國發會的陰謀

國民黨內一部份勢力（集思會成員為主），藉由民進黨主張「廢省」，達到「凍省廢宋」的目標；民進黨內對中央政府體制儘管爭議紛紜，但是對「廢省」卻有志一同，「削弱坐大的宋楚瑜」成為民進黨吸引國民黨支持廢省、凍省主張的重要訴求。十二月二十四日國發會正式召開前，大多數議題其實已經在檯面上的會前會和檯面下的理解中達成共識。❷

十二月二十八日，國發會閉幕前，宋楚瑜從台灣省議會趕往會場，就在他抵達前，朝野兩黨順利地在世貿三十三樓達成共識，此時新黨代表已經完全退出。參加協商的民進黨秘書長邱義仁，眼見兩黨對話不到三十分鐘，國民黨主談代表蕭萬長就從口袋拿出一張早就寫好的共識文字，口沫橫飛地念著，其他與會者只有目瞪口呆可以形容，據民進黨的說

法，「沒想到協商會這麼順利。」國民黨向後退一大步，宋楚瑜成了李登輝擁有行政院院長提名權的談判籌碼。❸

　　二十二項共識是民進黨的重大斬獲，凍省爭議迅速拉高擴大，使民進黨也感覺「凍省廢宋」是民進黨的一大斬獲，是掃除民進黨未來執政障礙的第一步，許信良說：「國發會共識，就是台灣新憲」。❹其次是在第四次修憲二讀會前，凍省與反凍省對峙，筆者參加國代修憲分組座談會時，為反應大多數國代心聲，即提出「國發會是體制外的臨時組織，國發會的共同意見不代表國民大會的共識，也不是國代的緊箍咒」。次日，經媒體披露，李登輝震怒之餘，命其心腹蘇志誠傳話，要求筆者閉口勿言，但在責任心與使命感驅使下，筆者選擇了正義與良心，不畏強權，悍然予以拒絕！不必為國發會背書。

五、拉攏省議會、分化反凍省勢力

　　李登輝要求省議會議長劉炳偉配合凍省，不但在順利修憲凍省後，即任命其兄劉炳華為國安會副秘書長以示好，更承諾將支持劉為下屆立法院副院長；劉炳偉在李登輝的人情攻勢下，實在難以拒絕，為了擺脫省議會同仁的壓力，乾脆落跑出國。

　　但當劉進入立法院的第一天，滿懷欣喜的參加正副院長選舉時，李登輝的大禮物終於變成了大謊言。看著議場詭異的動態，劉炳偉知道大勢已去，被李登輝出賣了，緊張地將選票捏成一團，呆在議場樓上的休息室中，心中五味雜陳。

　　省議會在凍省初期，以周錫瑋為首及楊文欣、楊泰順、宋艾克等諸多的省議員皆支持反凍省，並由周錫瑋及省府代表馬傑明，負責與在陽明山中山樓開會之反凍省國代聯繫串連。惟經過李登輝大力分化，迫使省議會議長劉炳偉出國避開困擾，進而造成省議員對反凍省的支持力大打折扣。

六、揭穿李登輝的假面具

　　在國大開議之前，李登輝透過黨團安排在總統府分批接見國代。逐一發言時，筆者詢問總統為何省長開放民選才第一任，就急著在八十六年凍省？又依往昔經驗，修憲程序必須有籌備會、修憲提案之彙整及一、二、三讀大會之嚴謹程序方能通過，為何強制非在六月三十日前完成不可？依照所排日程表顯示，修憲過於倉卒。李登輝質問筆者：你今天是以何種身分發言？筆者回以：總統今天是召集各區國代座談，本席是以國代身分受邀，不是以國大黨團幹部的身分發言。李登輝聞言後相當不滿，礙於召見國代聽取建言乃其所

安排的戲碼，因而只有轉過身怒斥副議長謝隆盛及國大工作會主任莊隆昌：你們黨團幹部怎麼沒事前溝通？連意見都不一致！李登輝顯然想趁著九七香港回歸之際，讓台灣徹底走出「一中」的架構。筆者洞悉李登輝的內心想法，故當面建議維持台灣省的建制有其必要性，若中共政權在大陸成立臨時台灣省政府的話，屆時台灣在國際上的處境將更為困難。經過此番波折，台灣省政府名稱方得保留下來，惟功能建制已完全走樣。

八十六年仲春國大開議時，李登輝總統在圓山大飯店宴請國大代表，由當時國大副議長謝隆盛陪同逐桌敬酒，在敬到筆者這一桌時，謝副議長特別介紹筆者。回憶當時李登輝以九十度鞠躬連聲說，「呂代表、呂代表，拜託你囉、一切都拜託你囉！」筆者見狀回應「報告總統，我們一切都是為黨為國」。

全場敬酒完畢後，李登輝再回過頭來向筆者表示，「呂代表，我知道您的立場。」言外之意，他是以整個國家發展做考量。筆者當時身為國大書記長，站在黨團幹部的立場，我認為所有的憲政改革與政治改革，都是為全民利益著想，也是為黨的永續執政考量；如果把政權革掉的話，所有的改革皆會落空。

惟八十五年十二月十四日，當時省政府民政廳長陳進興

在大法官范文馨文教基金會舉辦之「台灣省制何去何從」的座談會中提出反對凍省的十大理由：一、國家體制應整體考量。二、中央與地方均權精神應維護。三、政府層級之規劃。四、廢省不能減少任何支出。五、提升行政效率與廢省無關。六、葉爾欽效應與省層級權限無關。七、修改憲法與法律窒礙難行。八、對兩岸關係造成影響。九、地方層級強化造成資源浪費。十、降低中央政府行政效率。

之後並代表宋省長至國民大會議場表明立場，致使國民黨中央幹部會議在圓山飯店舉行會議討論凍省事宜時，李登輝一見到陳進興廳長便迫不及待的趨上前說，「你話太多了，你話太多了！」擺明了，就是要宋楚瑜的省府團隊打不還手、罵不還口！

七、國王新衣的現代版

李登輝為了「凍省、廢宋」，竟然拿國家體制做籌碼，拿五項選舉與民進黨交換取消閣揆的同意權、立委延任一年（由三年改為四年）。這根本是拿國民黨的「實質」去跟民進黨交換「虛幻的寶物」。在他們的盤算是，立委的年費每人約須捌佰萬元，如果延任，將可獲得實質的好處，誰會反對呢？

　　至於行政院長的同意與否，也沒有實質的意義，因為執政黨本來就是多數黨，在野黨雖不同意也無影響。其次是行政院對總統命令的副署權，因為除了行政院本身外，其他四院的人事任命權均不屬於行政院轄下，所以沒有副署的問題。因此國民黨內一些逢迎李登輝的人認為民進黨用四項條件換凍省，是一個非常值得的政治交易。

　　但筆者與祥和會卻不認為如此。因為以「凍省」交換「同意權」的做法，將會是台灣動亂的開始，這其中道理很簡單，誰說執政黨必定是國會多數黨？未及三年，李登輝「和平移轉政權」果然實現，陳水扁所籌組的「少數政府」，正是由人民來承受這次的修憲惡果。另外從政治學原理來看，總統有權無責，根本不符合民主原則。

　　顯然，如此的修憲，正符合李登輝的個人需求，甚至可說這次修憲，是為李登輝量身裁製的國王新衣。

八、新黨的錯失

　　反凍省修憲二讀表決前一晚，除新黨四十六席國代外，國民黨籍國大代表亦有三十六人業已安排妥當，其餘尚有見風轉舵的騎牆派代表，端看現場凍省人數的聲勢，再決定是否參加反凍省陣容。

筆者按計畫與林淵源則在會場上，拿標語做為暗號，在議場指揮，如舉起「天佑台民」，即表示全力反凍省表決。然而二讀會表決當天一早，新黨代表即針對國大議事規則進行杯葛，結果延到下午再行表決，因而使前一天的反凍省表決安排，走漏風聲，中午國民黨高層立刻在陽明山青邨一號小木屋，展開對反凍省代表個別的威脅利誘，結果部分國代在被約談後，不敢對抗中央，造成功虧一簣。事後檢討新黨，只知議事程序的杯葛，而忽略全盤考量，以致延誤戎機，無形中給國民黨高層多了半天的緊急疏通，造成反凍省勢力的潰散，這種見樹不見林的書生意氣，真是秀才造反，三年不成！

九、青邨小木屋的惡靈

青邨一號小木屋原是軍方使用的場所，表決當天獲知從早上延後至下午，陳金讓、吳伯雄、黃昆輝，立刻運用這個空檔時間，逐批的將反凍省國代找到小木屋進行疏通約談，結果在黨政高層的強力勸說下，到了下午表決時，被約談的反凍省國代，紛紛迴避表決，甚至楊榮明國代接到其媳婦打電話來哭訴，如果公公反凍省則將自殺。而有些反凍省主要幹部被邀至小木屋時，府院黨三長謂：總統為一國之尊，五

步（五項選舉）已讓了三步（指國代、鄉鎮市長及鄉鎮市民代表繼續選），還要他老人家怎樣做你們才會滿意嘛！在聽到勸說內容而態度有所軟化。

這些被說動者大部份均來自中南部選出的代表，對於國民大會修憲凍省後果及修憲內容較不深入，因而出來之後，採取各種理由迴避，來遮掩其被動搖的心情。

十、宋楚瑜因尊李而猶豫不決

在修憲二讀會前的端午節當日，筆者拿了兩份修憲草案，到省長台北辦公室與宋省長長談了一個多小時。當時草案甲：維持省長、省議員民選。草案乙：省長回歸官派、省議員仍然民選，維持省議會法人自治地位。當時省長回答：我省長幹不幹無所謂，但省民權益不可不顧。聽了宋省長民袍物與的心志，令人非常感佩，因此，筆者回到陽明山中山樓議場後拿出修憲草案乙案，做為反凍省修憲版本的最後底線依據。

為因應中央用各式手段來瓦解反凍省國大代表的信心，避免被個個擊破，在二讀會表決前一週，筆者建議省長在陽明山的附近，找一處隱密之場所，分批邀約反凍省國代（避免被跟蹤及電話監聽），當面鼓舞士氣及表達反凍省決心。

但宋遲遲沒回應，原因是為了尊重李總統，不希望全面決裂，加上李登輝要求省議長劉炳偉等人出國暫避風頭，以便消弭反凍省聲勢，結果導致反凍省遭到挫敗。

回想這段歷史，在最後關頭，國民黨中央從主席李登輝、副總統連戰動員的行政體系漢興黨部、中央黨部透過各縣市黨部主委及地方派系全力動員，此時，政壇傳出行政院方面屬意連宋配，希望連宋能合作，接著連戰派出徐立德和副省長吳容明「談和」；另外，又傳出省長宋楚瑜在操盤反凍省，甚至吳榮明操盤的說法。由此可見，在最後關頭黨中央除了動員以外，仍不惜以放話等方式固票、攻票，可見戰況的激烈。

據了解，李登輝方面及連戰已透過各種管道向宋楚瑜表示，希望宋楚瑜在最後關頭不要動，只要宋不動，反凍省的勢力在黨中央用盡各種「方式」下，就有可能一一瓦解。因此，最早延長會期以避開省議會的總質詢，其用意也都是為了不讓宋楚瑜有號召反凍省的空間。這也顯示當時宋楚瑜的確沒有在動，而黨中央也坦承如此。

但隨著時間越來越逼近，黨中央在化解反凍省的勢力同時，才發現這股勢力超乎想像的頑強，也因此李登輝不得不跳出來主帥親征，親自安撫、動員。在「登輝牌」失效後，國民黨中央更不惜動用所有的資源，包括動用檢調系統，跟

蹤、監聽、查稅等白色恐怖。不過，白色恐怖在現今民主氣
氛高漲下，是否能造成一定的效果或反效果，各方說法不
一。而在凍省與反凍省決戰前夕，黨中央仍動作頻頻，不敢
放鬆，顯示仍有相當的壓力及變數。

　　對省長宋楚瑜而言，雖然反對凍省是他的一貫理念，可
是由他的言論及作為及對國民黨深厚的感情，他並不打算在
凍省上，和中央敵對造成公然決裂，於公於私他都不至於採
取讓李登輝難堪的激烈舉動。他在理念與感情衝突兩難下，
已經做了抉擇，就是不放棄理念的宣揚，但絕不以行動抗
爭，因為他深知，以行動和中央抗爭，反凍省勢力贏面雖較
大，但是對黨中央必定造成一定的傷害，進而造成國家社會
動盪，這是他所不樂見的。而如果凍省成功，至少他已盡了
「言諍」的責任了。

　　其實，經過省長選舉及總統選舉，中央黨部應該相當瞭
解省府動員的實力，未來在年底選舉時，中央黨部仍需要省
府系統的相助，這也是為什麼秘書長吳伯雄強調黨務中立，
而且還公開讚揚宋楚瑜。另一方面，連戰主導的行政院也加
快腳步成立漢興黨部來取代原省府的中興動員系統。不過，
宋楚瑜方面只以言論來號召支持的作法，也清楚顯示，其相
當「自制」的意思。省府方面也不諱言，如果宋楚瑜真的
「動」起來，「成效」絕對不是現在這樣。不公開動員可以

避免和中央真正對決，造成對國民黨更大的傷害，相對的，也因為宋楚瑜「尊李」、「惜情」的態度，造成「反凍省」決策猶豫不決，致使「反凍省」功虧一簣。

十一、白色恐佈再現

　　反凍省之國代，以祥和會的成員佔大部份，李登輝為了打擊反凍省，採取了許多白色恐怖的手法，諸如：放出謠言中傷反凍省的成員，暗指某些人得了多少好處，以達到分化效果。尤有甚者，指示國安局及情治單位對反凍省國代進行跟蹤、監聽、查稅……等。另一方面，請出黨國大老對反凍省國代，施以人情壓力。更惡劣的還運用黑道恐嚇（打電話恐嚇說凍省是好事，為什麼你要反對，你要小心，否則以後不用選了……等），在威脅之外，還有輔以利誘，例如，如有什麼困難可提出來幫忙解決，或放話說給什麼職務或謂某人會得到什麼好處等等。

　　當時剛好在筆者身旁的祥和會會長陳治男國代聽到對話情形，甚為憤慨，接過電話，語氣激亢的回以：這是呂國代的政治理念，怎可威脅人家？訓了對方一頓。

十二、總統的召見

　　總統在召見反凍省的呂學樟、陳進丁、陳治男、黃德鴻、林正國、張榮顯、李繼生等主要幹部時，透過陳金讓，通知在總統官邸見面，李登輝更是親自到門口迎接，姿態放的甚低。以閒話家常的方式強調並非凍省，祇是精簡省的層級，提昇行政效率等……冠冕堂皇的話。當時筆者向總統力陳：修憲凍省是否為唯一的方法？可否用修改行政區劃法的方式，將台灣省行政區域重新劃分，或修改財政收支劃分法，皆可達到精省目的。建議用修法不修憲的方式來精簡省府。李登輝甚至對其他縣市的反凍省代表，開出建設該縣市的支票。後來談到省長改回官派，而省議員仍維持民選，李回以省議會的省議員，任期內對省政府予取予求，吃相難看；筆者不假辭色，亦回以應考量維持省政府及省議會之法人自治地位，避免影響省民既有的權益……。

　　在對談中，李表現出對省議員的深惡痛絕。李並舉「米蘭戰爭」為比喻，說明為何他本人極力主張凍省，而且親自跳到第一線的原因。但筆者回以總統為一國元首位至崇隆，憲法第四十四條規定，若五院有扞格之處，則需勞您老人家，出面調和鼎鼐。而今修憲事宜，交由黨籍國代即可，何

須勞駕總統出面，在修憲過程中，親自衝鋒陷陣？但李登輝不為所動，仍堅持親自上第一線打凍省戰爭。回顧歷次修憲，李總統都積極全力主導，充分顯露出其「專制」的本質。

為了達成凍省廢宋任務，繼在總統官邸召見反凍省主要國代後，在要進入二讀會表決的前夕，當天晚上八點，黃昆輝、吳伯雄、蕭萬長、陳金讓等黨中央要員，協同陳子欽、莊隆昌、曾憲棨、江惠貞等二十餘名國大幹部，包了一部遊覽車押著國大黨團幹部到台北賓館，召開黨團幹部會議。而李登輝此時從總統府到現場向大家說明，他說：台灣現在政府的架構很奇怪，中央、省、縣市、鄉鎮四級的政府層級很浪費；鄉鎮的部分可以暫不處理，但是省政府與中央嚴重重疊，一定要利用這次修憲的機會徹底精簡。如果能順利達成任務，每年可節省經費六百八十億元，並有助於國家競爭力的提昇，台灣將有三十年的經濟繁榮。因此要求黨籍國大要配合完成歷史任務，更自比為拿破崙對其子弟兵精神訓話，如打贏這一仗，未來將吃穿不愁。來拐騙國大代表支持修憲凍省。

第五節　反凍省的失敗

　　依循往例，修憲草案，各政黨都會在黨內凝聚共識後，提出修憲版本，做為黨籍國代修憲的藍本。國民黨內經過李登輝多年來的排除異己，純化的程度相當高，再加上民進黨的有志一同，通過修憲凍省的可能性應毫無疑問，何況之前的國發會，已經與民進黨達成了多項共識。然而凍省的說詞要如何美化呢？最後認為以「精簡省府組織，提高行政效率」，最為貼切。

　　結果在八十六年五月五日的國民大會集會開始，國民黨內凍省與反凍省的國代，展開了激烈的政治角力。從修憲提案的攻防，到程序委員會的企圖變更表決方式；從第一讀會到第二讀會的各種議事手段，幾乎是全部出籠。而其中反凍省最力的國大次級團體，祥和會的全力反凍省，更是精彩。可惜仍不敵國、民兩黨合謀的強力表決，加上有頭無尾的新黨，最後關頭的放棄，反凍省護憲功敗垂成。

　　而筆者本人在反凍省最後關頭，遭到國民黨黨紀的處分，停止黨權兩年。省長宋楚瑜也因凍省通過而立刻提出辭呈，最後又在顧全大局的考慮下，以「請辭待命」的方式，

回到省府主持未完的任期。一場風暴似乎因此而暫告平息，然而更大的政治颶風，卻在總統大選前席捲而來。宋楚瑜宣佈參選，以獨立候選人的方式，與民進黨、國民黨三足鼎立。結果連戰敗選，國民黨淪為在野黨。宋楚瑜與張昭雄這一組則以些微票數，高票落選，親民黨因宋而誕生。也寫下了憲法因個人而修改的紀錄，這就是台灣沉淪的關鍵開始。

　　當修憲凍省條文二讀通過後，許多國民黨籍國代在座位上，掩面痛哭，如喪考妣，直說國代當得沒尊嚴，但相對於民進黨國代，則是雀躍萬分，同時在會場前方拉起布條上寫著：「台灣國國父李登輝萬歲」…。民進黨國代的熱烈與激情，對照國民黨國代的痛哭流涕，正呼應外界的揣測，凍省即是台灣獨立。而台灣的未來，將在李登輝的專制領導下，將會走向族群對決的絕地。誠如李氏所言：台灣人的悲哀！為了成就李氏個人台獨的野心，卻要全民為其背書，「李登輝不仁，以台灣人為芻狗」！這才是身為台灣人真正的悲哀！

註　釋

❶李登輝執政告白實錄 鄒景雯整理 印刷出版有限公司，2001年5月初版。P.330

❷李登輝執政告白實錄 鄒景雯整理 印刷出版有限公司，2001年5月初版。P.330

❸民國七十八年（1989），蘇維埃社會主義聯邦共和國（簡稱「蘇聯」）總統戈巴契夫，推動民主改革及開放政策，國會採選舉方式，並將中央集權鬆綁，賦予十五個加盟共和國自治權。這項「聯邦條約」，預定在民國八十年（1991）八月二十日簽署。隨著簽約日期逼近，戈氏的政敵擔心失去政權，結果在八月十九日發動政變，並成立八人緊急委員會，準備接替戈巴契夫政權。此時，戈氏與家人正在黑海避暑，立刻遭到軟禁在渡假別墅。「緊急委員會」對外宣佈戈氏因病不能視事，同時調派武裝部隊進駐莫斯科。當消息披露後，莫斯科居民，數以萬計的湧向街頭，阻止軍隊行進，此時俄羅斯共黨領導人葉爾辛，在民眾的支持下，跳上一輛坦克車，譴責政變並領導民眾展開對抗。結果政變在七十二小時內流產，戈巴契夫回到莫斯科。從此葉爾辛成為英雄、舉世皆知；而戈氏的權威一蹶

不振，各加盟國籍機紛紛獨立。戈氏被迫在十二月二十五日辭職。維持七十二年的共產專政帝國，土崩瓦解。核子戰爭的威脅，消失於旦夕之間。「葉爾辛效應」從此成為政治新語彙。參考九十年八月十九日至二十日聯合報第9、12版。

❹民國八十六年六月三日，聯合報2版。

❺民國八十六年六月六日，自立晚報2版。

❻民國八十六年六月十九日，新生報3版。

❼民國八十六年六月二十日，中央日報2版。

❽民國八十六年六月二十一日，民眾日報3版。

❾民國八十六年六月二十六日，台灣日報2版。

❿民國八十六年六月二十六日，新生報2版。

⓫民國八十六年七月二十七日，自由時報2版。

⓬許信良的政治世界。P.233

⓭同上書。P.234

⓮許信良的政治世界。P.235

第五章

修憲的回顧與展望

　　筆者有幸於八十年十二月二十八日獲新竹鄉親支持當選第二屆國代,任內參與了第二、三次的修憲工作。八十五年三月,連任第三屆國大代表後,繼續第四次的修憲工作。在「修憲凍省」過程中,因為堅決反對李登輝以精簡組織體制,提高行政效率之名,進行凍省廢宋之實,而遭國民黨停權兩年之黨紀處分。回想第二、三次、為了維護黨版修憲而付出全力;但為了反對不合「程序正義」的修憲凍省,不見容於國民黨層峰,而遭到了停權處分。因此,我選擇「離開」,一秉入基層再出發的決心,從最貼近鄉親的市議員服務做起。因而投入了八十七年元月的新竹市議員選舉,進入市議會,成了憲政史上由中央民代轉任地方議會的第一人。同時也為了增廣見聞,實踐終身學習,蒙監察院院長錢復先生推薦,利用休會期間,暫別風城,負笈英倫留學。

　　而今台灣整個政治生態,因政黨輪替,起了很大的變化。我雖然離開了國民黨,但為民眾服務的衷心與熱誠,則不會因黨籍而異,但也願藉著回顧這兩屆將近七年餘的國代修憲服務工作點滴,以勇於面對挑戰的心情與感受,提供讀者參考。

第一節　撲朔迷離的憲政

　　中華民國憲法，隨著政治時空的改變，做適當之調適，是必須的。第一屆資深中央民代繼續行使政權三十多年，也是到了有所改變的當口。隨著兩蔣的逝去，新的中央民意代表應該要如何世代交替呢？國民黨憲改小組的研究，認為這個時候要修改憲法，採用一機關兩階段的方式，應該是最佳模式，也較不容易引起其他的政治聯想或抗爭。第八屆總統、副總統改選之際，學生運動與國民黨的二月政爭，意外的促使國是會議的召開，提供了憲政改革的最佳政治氣候。同時為了台灣的安定與發展，資深中央民代盤據三十餘年的國會舞台，該是到了鞠躬下台，曲終人散的時刻。

　　回顧以大陸三十五省及台灣省，共選出二千九百六十一名國大代表，到蔣經國先生去世後，人數已減少到六百人左右。在時空因素及資深民代人數驟減的情況下，這是一個絕佳的修憲機會。第二屆國代席次減少為四百零三席，而其中國民黨得到70.7%的政黨得票率，當選二百五十四席、民進黨得到23.94%的得票率，當選六十六席。國民黨加上原有的第一屆增額國代，共計三百二十位，佔國大總席次的四分

之三以上，在野黨的八十二席（民進黨七十七席、無黨籍五席、非政黨聯盟二席、民社黨二席）僅能勉強達到法定提案人數。❶

　　結果第二階段的修憲（第二次修憲）卻留下了「總統選舉」、「立委任期」、「行政院副署權調整」等，三項重要議題未完成。❷因此一機關兩階段的修憲，竟衍生出第三次、第四次、第五次、第六次。變成了每隔不到兩年的修憲。這樣不斷修改的憲法，怎能有穩定的「憲政」呢！而這樣的憲政，怎不會令人看了撲朔迷離。

　　第三次修憲中，最重大的爭議是「總統直接民選」及「國大常設化」。其實這兩者是國民黨與國代的互通款曲，彼此利用。更給國人留下了「國大擴權」及「台灣總統」的疑慮。尤其是總統人民直選，激化了國民黨內部派系的對立與分裂。李登輝在修憲過程中，仰仗民進黨的臂助，雙方互惠結果，民進黨也因此在國代及立法委員的選舉中，提高了得票率及席次的增加。

　　第四次修憲時，第九屆總統直接民選結果已出爐。令人費解的是李登輝、連戰獲得了 54%強的民意，相反的第三屆國大代表，國民黨的席次卻降到一百八十五席（民進黨九十九席、新黨四十六席、其他三席）勉強過半數。反對李登輝的新黨，則一舉攻下了四十六席，成為關鍵的少數。因此

這次的總統與國代的選舉結果，總統雖有過半數的民意，但負責修憲的國大席次卻變少。而其中黨內非主流派，更是李登輝的堅決反對者。

因此，以李登輝為首的國民黨主流派國代席次，是無法勝任修憲任務，故而必須與民進黨合作。最後，雖然達成了修憲目的，但隨著凍省廢宋，與國民黨中央漸行漸遠的黨內同志，卻日益增加。

在民進黨方面，許信良在第九屆總統提名時，黨內初選遭淘汰，因此，積極準備第十屆總統的競選。擅長策略的他，採積極的態度與李登輝合作，從國發會到第四次修憲，兩人可說是用心良苦。藉體制改革之名，行總統擴權之實，以此構思台灣政治的走向。而許信良的諸多主張，如借鑑法國第五共和，找一個不純然是內閣制或總統制的中央政府體制，賦予民選總統一定的實權，包括統帥權；一定條件下的國會解散權、不經國會同意任命行政院長之權，使總統成為「憲政中心」等，深得李登輝的歡心，幾乎全盤成為國發會的共識。除此之外，許信良認為將四級政府，精簡為三級政府是刻不容緩的事，而這個政府改造工程的關鍵就是「廢省」。他認為透過廢省，達到大幅提高政府行政效率，「透過廢省達到破解台灣統治全中國的虛相」。❸而本次修憲，更可直言不諱的說，是為李登輝量身裁製憲法，也成為日後

宣佈『兩國論』的立論基礎。

　　在李登輝執政告白實錄中，李氏認為台灣的國家定位，遲遲未在國際間獲得公平的看待，是其主政十二年中，始終感到無力與焦慮的難題，任期愈接近尾聲，心中的緊迫感愈強烈。❹民國八十八年七月九日，李登輝在接受「德國之聲」專訪時，首度將兩岸關係定位為國家與國家，至少是「特殊國與國關係」。這篇訪談驚動國際，中共斷然停止兩岸的協商（海協會會長汪道涵，原定十月訪台的行程，無限期延長）。美國行政部門則施加強大的壓力，要求台灣重新回到「一個中國」的軌道。

　　李登輝原先計劃在宣佈兩國論後，隨即進行第五次修憲，用入憲的方式，來鞏固其兩國論的路線。祇是沒料到，特殊國與國關係，在上述的壓力下，最後改為國家元首的口頭宣示收場。❺九月四日凌晨，國民大會在議長蘇南成的領軍下，以迅雷不及掩耳的速度，三讀通過第三屆國代延任，李登輝自稱當晚在官邸大發雷霆，並說「蘇南成一定要辦！」，而且自我嘲解的說這是十年推動憲改以來，第一次失控。❻然而執政黨卻不思亡羊補牢，仍依法定程序予以公布。

　　第六次修憲是在民國八十九年三月，總統大選結束後進行。本次選舉國民黨僅獲得 292 萬 5513 票慘敗。

　　而大法官會議卻拖延到總統選舉結束一週後（距離提出聲請釋憲已半年）才將四四九號解釋文宣布，國大延任案違憲失效。依選罷法規定，中央選舉委員會必須在五月初，辦理第四屆國代選舉。❼歷經激烈大選後的國、民兩黨，針對國代屆期改選，在各有盤算，又同時為提防親民黨，挾宋楚瑜高票落選的人氣而席捲多數席次，再度聯手召開國大臨時會，並迅速的在四月二十五日清晨，通過「廢除國大」的修憲案。

　　在總統卸任前，憲政改革最後以廢國大為句點。李登輝得了便宜還賣乖地說，這純粹是個意外的驚喜，並不是他原本的修憲草圖，但卻是他「心嚮往之」的修憲結果。❽如此居心巨測的國家元首，不僅不為總統的制衡機構消失而研究改善之道，卻是滿心歡喜成為名符其實「有權無責」的大總統：這是哪門子的憲政改革呢？比起國大的自肥還要無恥！整部中華民國憲法，經過六次的修改，叫人民如何去辨識？這是何種體制的憲政！

第二節　反凍省與退黨

　　在第四次修憲第二讀會之前，國民黨內強烈主張凍省

者，到處散發謠言，企圖影響國人的視聽。為了重申反凍省的決心，筆者透過報社投書，公開表達反凍省的主張。

壹、反對盲目的改革

本次修憲，筆者頂著「反對改革」的罵名，不斷對修憲的部份條文提出質疑，實在是對於本次修憲，僅憑體制外國發會少數人，短期之內做成的決議，竟然聲稱形成修憲共識，感到無比痛心。我們不反對改革，但改革不是盲目的，實在不忍心看國家民族的前途，充作少數人當作實驗的白老鼠。

就以國民大會代表的產生方式而言，國民黨黨版主張以總統、副總統選舉，各政黨所推荐候選人得票數之比較，分配各政黨名額；總統、副總統選舉如須進行第二次投票時，以第一次投票各政黨所推荐候選人得票數之比率為準。按目前自由地區加入政黨者僅佔總人口數的 20%不到，很明顯的依政黨比率所產生的國民大會代表，並不能代表大多數的人民，無異剝奪絕大多數未加入政黨人民的權利。況若有無黨籍人士參與總統、副總統選舉當選時，國民大會代表又如何產生？又總統、副總統經過二輪投票，如第一輪投票結果投票數依序為甲、乙、丙黨，但三黨票數皆未過半，依法為

第二輪投票，乙、丙二黨理念較近整合，由乙黨之候選人得票超過半數當選，勢必形成國民大會代表名額較少之政黨執政，是否會影響政局的安定，能不加以考慮？

又就擬議中的職權而言，國大代表補選副總統，提出總統、副總統的罷免案，議決立法院所提出之總統、副總統彈劾案，以及行使總統提名監察院、考試院、司法院等重要人事案之同意權案，位高權重，倘由並不代表多數民意之「黨派」國民大會代表行使，是否妥當，亦有疑問。

再以變更省政府組織而言，無非以提高行政效率為著眼點，惟行政效率不彰，是否為行政層級過多所致，或有其他原因？若無科學的評估做依據，何能推論效率不如理想係由行政層級過多所致。況有部份之業務，本屬省級機關之層級業務，且將來機關裁併，原有業務不是往上移就是往下移，以省政府本身龐大的組織與業務，對公務員、對全省民眾，將會造成很多的不便。

又擬議中的省主席、省諮議員皆為官派，其性質、功能如何？若同為政府機關，則省諮議會為省主席之幕僚機關抑或是制衡機關，定位不明；若省諮議會議員類似省議員，而由政府機關指派，是否由一政府機關制衡或監督另一政府機關，學理上是否有所依據，運作是否困難。況省議會議員，架構不變，何不維持民選，由實質之民意機關監督。

　　綜觀現階段行政效率低落，非關省長省議員民選，仍系行政層級之權責劃分不清，應落實地方自治，省及縣市單位可逕為決行之業務，即應回歸該級政府，如此方為解決行政效率低落之良策。

　　對於某部份人士，將有不同意見之人，誣指一己之私，或指為反對改革的罪人，甚感遺憾。❾

貳、反凍省的理由

　　在修憲第二讀會之前，為了阻止凍省廢宋的政治陰謀得逞，因此，特別將反對凍省的理由，透過媒體，希望引起國人的重視，同時也給反凍省國代有一個合理的說詞；為了避免李登輝的政治迫害，採不具名的方式發送傳單，從制度面及政治面來據理力爭。以下為傳單內容：

一、制度面

　　㈠省長直選方於八十三年八月三十一日經修憲公佈實施，首屆任期未滿三年又欲修憲凍選，不惟形同兒戲，其成效又如何遽以認定？

　　㈡凍省之後省與直轄市（台北、高雄）將造成同級政府不同法律地位之窘況，省級位階政府之「一國兩

制」，而縣市政府基於本位主義各自爭權，因而引發政局更大不安，不但會有「一區兩國的問題」，甚至造成「一區二十一國」的現象。

㈢據國內研究地方自治頗有聲望之政大公行所薄慶玖教授所言，台灣光復初期之省諮議會議員是由縣議會議員推派產生，還保持間接民主，但若依照黨版修憲案第九條第一項第二款之設計，省諮議會議員由沒有民意基礎之行政院院長提請總統任命，實乃大開民主倒車，對政府五十年來倡言民主政治，實為一大反諷。

㈣凍省是否能提昇國家總體競爭力？是否有科學化之評估？況且原屬於省級職權部分，人員與業務是否有做妥適安排？如否，將來不但不能提高競爭力，反而形成制度混亂，增加一千七百萬省民困擾。

㈤省長若為官派，省諮議員由行政院院長指定，同為政府機關，則省諮議員為省主席之幕僚機關抑或是制衡機關，定位不明；若為制衡機關由一政府機關制衡另一政府機關，制度上之設計，似有矛盾。

㈥行政效率低落非關省長、省議員民選，乃係行政層級之權責劃分不清，應落實地方自治，省及縣（市）單位可逕為決行之業務，即應回歸該級政府，如此方為解決行政效率低落之良策。

㈦現行制度確有其與現實狀況無法吻合、窒礙難行之處，然僅須透過立法院小幅修定「省、縣自治法」，落實地方自治，即可解決。卻大費周章的修憲，實乃「削足適履」、「貽笑大方」。

二、政治面

㈠反凍省成功，將有助於下一階段的憲改談判。凍結省長、省議員選舉，是與民進黨談判的最重要籌碼；在本次會期就予以通過，對本黨毫無益處。

㈡反凍省成功，將可澄清外界質疑李主席結合民進黨搞台獨的疑慮，這對凝聚本黨的團結，大有助益。

㈢反凍省成功，打擊最大的是許信良，是民進黨，不是李主席，不是本黨。所以本黨沒有理由用凍省，協助許信良去鞏固領導地位，以及解決其內部紛爭；尤其凍省、廢省，長期以來是民進黨主張臺獨的大纛，本黨反對立場不能模糊。

㈣反凍省成功，還可避免兩個嚴重的政治效應－本黨分裂及李、宋關係惡化。這種效應對年底縣市長選舉，可能促成民進黨「地方包圍中央」策略提早完成，對本黨只有壞處，沒有好處，何必讓民進黨漁翁得利？目前外界極力分化、挑撥本黨，最嚴重的就是將反凍省

的代表同仁打成「反李主席派」，完全抹煞本黨同志愛黨、護國的苦心。因此，為團結本黨，不被有心人士分化，我們具體的請求本黨全體代表同仁，肯定李總統推動憲改的苦心，並全力支持李主席連任本黨主席，繼續帶領我們贏得最後勝利，讓國家永續發展，人民幸福安定。

一群忠誠的國民黨黨籍國代謹識

在這張印刷傳單上並以較大字體表現出「護黨無罪　愛國有理」、「支持凍省──就是支持民進黨台獨主張」，提醒與會的代表。

參、我離開了國民黨

國民黨中央提前召開考紀委員會，會中一致決議對筆者予以「黨紀」的處分。這是國民黨推動憲改以來，首度對黨籍國代祭出黨紀處分。考紀會處分的理由是：「違反黨的決議，在黨內組織小組織，破壞黨之團結，惡意攻訐本黨或同志。」而這個理由，竟然是是根據國大工作會，向考紀會提出的建議。所謂「欲加之罪，何患無辭」，竟提出莫須有的「六大罪狀」，迫害筆者：

一、參加次級團體祥和會，結盟若干代表反對中央修憲政策，拒絕連署本黨修憲版本。

二、連同祥和會、新黨、省議會、鄉鎮市民代表串聯，反對精簡省府組織、凍結省級選舉以及中央政策。

三、黨為化解此股力量，李主席曾於六月二十日接見部分祥和會成員，詳細說明政策，不為其接受；秘書長吳伯雄、中央政策會執行長饒穎奇，修憲諮詢顧問小組召集人蕭萬長於黨員大會或私下與其溝通，仍不為其接受，甚而被以「敗家子」、「割地賠款」、「喪權辱國」、「亡國亡黨」等不當言論指責長官。

四、七月一日國大第二十一次大會處理有關暫停修憲會議議程，個人不僅連署該案，甚至舉手贊成，嚴重違背中央政策。

五、七月二日國大第二十二次大會處理再付審查提案時，工作會一再要求代表同志務必支持該案，但本人不僅上台發言公然反對，煽動黨內同志不要支持，甚至於該案表決時不舉手，嚴重違反中央政策，破壞黨的團結。

六、鼓動他人一併反對中央。

　　國大工作會建議將筆者「開除黨籍」，「否則黨團無法運作，必將招致癱瘓的結果」。考紀會主委簡維章於會後表示，考紀委員一致同意處分作者，但基於作者曾任國大黨團書記長，過去對黨有所貢獻，而且念及作者本人「並非無藥可救」，因此決定從民國八十六年七月起，施以「停權兩年」處分，如果作者在停權期間表現良好，可以提前申請恢復黨籍。

　　消息見報後第二天，當時為十三席中央考紀委員之前後任組工會主任屠德錡、許文志相續打電話告知，彼等甚為無奈，這是大老闆交辦事項，希望我能申訴。我回以：草率修憲凍省，抹煞省民五十年來奮鬥的成果，基於民代職責，一秉忠誠，據理力爭，何罪之有？更不可能向中央申復！接著向媒體發表「不為勢劫，不為利誘，求仁得仁，坦然面對」。以表明心志。

　　由於所列六大罪狀，扭曲了反凍省的真義，而歷經第二、三、四次逐漸變調的修憲，我終於決定和國民黨分手說再見，離開多年參與的政黨，拒絕再扮演李登輝毀憲的馬前卒，應聲蟲。

肆、臨別建言－李登輝臉色鐵青以對

反凍省的失敗，修憲第三讀會通過後，開始進行閉會前，國大代表的國是建言，作者雖遭黨籍停權處分，但仍具國代身份，因此利用這個總統親臨會議的機會，筆者提出了「凍省後，如何提高行政效率消除黑金」的臨別建言：

大會主席、總統、各位代表同仁：

少數服從多數，是民主的真諦，修憲凍省，既然已三讀通過，木已成舟，當然要坦然接受，至於個人理念的對與錯，近則年底的縣市長選舉，遠者歷史會做最好的證明。但是寄望有關部門，將來實施之時，能做妥善的規劃，尤其是攸關省民權益及省府各單位員工之裁併、調動和眷屬、子女的就業、就學，他們何去何從？要做認真的考慮。

本次修憲，三讀通過凍省等重要議題，最重要的目的，乃在於提高政府行政效率，進而提昇國家競爭力。惟根據瑞士洛桑國際管理學院（IMD）去年所做年度競爭力，在四十五個國家或經濟體中，排名十八遠落在新加坡、香港等競爭對手之後。今年該學院繼續做報告，台灣則排名二十三。依據（IMD）評估標準，是以一、國內經濟實力，二、國際化程度，三、政府效率，四、金融實力，五、基礎建設，六、

企業管理，七、科技實力，八、人力及生活素質等八大類及
兩百餘項細目進行評估，其中我國在「政府效率」部份，由
前一年第六名快速滑落二十二名，令人觸目驚心，是故提高
政府行政效率，乃是當務之急，特提供下列建言，以為總統
參考。

一、凍省不能消除黑金政治：現行選舉制度，上自總統、國
　　代、立委、省長、省議員、縣市長、縣市議員下至、鄉
　　鎮市長、鄉鎮民代表和里長等等。擬議中將凍結省長、
　　省議員、鄉鎮市長、鄉鎮市民代表之選舉。個人不知這
　　二層級是否有黑金政治之人物，如有，一經凍結，不是
　　參加中央層級選舉，就是參加縣級選舉，黑金猶在，除
　　非廢除全部選舉，或者在政黨提名時宜多加過濾。

二、凍省影響省民權益：凍省最大的理由是層級過多，行政
　　效率不彰。惟政治學的理論，最好的政府，最多的服
　　務，政府分官設職，各有所司，每種部門，皆不欠缺，
　　將來業務，不是往上移，就是往下挪。無論上移下挪，
　　新單位處理的熟練度終究比不上舊有之單位，何況目前
　　尚未做週延之規劃，凍省後之型態、組織架構無人知
　　曉。以省辦高中為例，現擬交與中央，教育部卻認為人
　　力不足，交與縣市政府則謂財力不夠，彷若棄嬰，無人
　　願意接手，在在造成省民不便。其實諸多行政措施，皆

可透過行政授權，機關裁併來解決，不必刻意凍結任何層級。有人質疑，一個申請案要蓋數百個章，其實要問的是蓋章有無必要，並非在蓋章的多寡，譬如涉及公共安全的遊樂場為例，所涉及之單位如消防、山坡地保育、農業發展、地目分區使用……等等，將來省凍結，除非前開管制全部解除，不然蓋章審核，豈能免除？

三、凍省引起政治不安：省府層級業務龐雜，所屬省府員工數以萬計，在凍省之後，尚未妥善安排將來裁併、調動地區，影響不止本人，尚包括家屬子女的就學就業，所付出的社會、政治成本，實在難以估計。況凍省後，現有單位，員工何去何從尚未釐清，勢必影響士氣，進而會影響對省民的服務品質，如果說中央集權後對大家有幫助，拋開統獨意識形態，不怕中共飛彈威脅，乾脆廢省算了，何必來個虛級化讓我們當二等國民？

四、提高政府效率，應從簡化公文程序著手：現代資訊科技發達，一日千里，所有政府單位均應廣設網址，多使用電腦網路視訊系統，可讓人民申請案或陳情案，單一窗口設計，例如退伍軍人返鄉報到，有團管部、兵役科、戶政單位……，而且分開很遠，如使用電腦連線傳真方式，只要找一個單位辦理即可完成。政府機關亦應率先

　　五天上班，七天服務，每日中午亦彈性上班，每人每天工作八小時，早上班早下班……彈性上班，於私於公都好。中央負責政策擬訂，充分授權執行，落實地方自治，省及縣市單位可逕為決行之業務，即可回歸該級政府，如此方為解決行政效率低落之良策。

五、精簡組織層級，中央亦需比照辦理：綜觀洛桑國際管理學院（IMD）就國家競爭力評估標準與數據，八大類中，每一項都牽涉中央部會各項政策之擬訂，與督導之成效；然中央機關爾來未見精簡，提昇效能，且日漸肥胖，例如青輔會、退輔會、勞委會、衛生署分別為大專青年、退伍軍人、勞工朋友等。因身份不同就單獨設立，分工愈細，上層無人整合，反而形成死角，上列人員實際上都是國民，如整合為福利衛生部，就業健保醫療合而為一，部設青輔署、退輔署、勞工署、衛生署……部長負責整合，效率必將提昇。

　　筆者發言完畢，只見李登輝總統坐在席上，臉色鐵青以對，事後叫其隨從秘書找我要了一份底稿作為參考。

第三節　兩國論的毀憲

壹、兩國論的陰謀

　　國民黨推動延任案的真正理由，說穿了，不外只是想要操控總統大選的選情。理由有二：第一，由於連宋相爭，若舉行國大選舉，國民黨的國代提名，必將瞻前顧後，且萬一出現黨提名國代候選人「挺宋」的情形，情勢將趨複雜。第二，繼續召開「臨時會」，或召開根本沒有憲法依據的「擴大修憲會議」，將可藉修憲拋出怪誕的議題如「基本法」等，來牽動國人的政治神經，俾轉移民眾視聽，操控選情。❿

　　李登輝為了推動延任案，不惜在修憲前宣佈「兩國論」藉此營造修憲的民意風潮，但是機關算盡，遭到了美國的嚴重反對，和中共主動的停止協商與文攻，⓫因為第九屆總統直選時，中共的飛彈演習，讓李登輝有機會說出有十八套的對應措施，轉移全民危機感變成支持的選票。

貳、兩國論的修憲

　　民國八十八年七月九日上午十一點，李登輝在總統府告訴來訪的德國記者：

　　一九四九年中共成立以後，從未統治過中華民國所轄的台澎金馬。我國並在一九九一年修憲，增修條文第十條將憲法的地域效力限縮在台灣，並承認中華人民共和國在大陸統治權的合理性；增修條文第四條明訂立法院與國民大會民意機關成員，僅從台灣人民中選出。一九九二年的憲法更進一步於增修條文第二條規定總統、副總統由台灣人民直接選舉，使所建構出來國家機關只代表台灣人民，國家權力統治的正當性也只來自台灣人民的授權，與中國大陸人民完全無關。

　　一九九一年修憲以來，已將兩岸關係定位在國家與國家至少是特殊的國與國的關係，而非一合法政府，一叛亂團體，或一中央政府，一地方政府的「一個中國」的內部關係。所以北京政府將台灣省視為叛離的一省，完全昧於對歷史與法律上的事實。也由於兩岸關係定位在特殊的國與國關係，因此沒有再宣布台灣獨立的必要。❷

　　由上述的說法，完全是台灣獨立的宣言，由現任總統的

口中說出，更證明李登輝從繼任總統開始，就朝著台獨方向修憲，雖被黨內其他同志揭穿，但是卻採取迫害的手段，來堵住其他人的嘴。但最終原形畢露，而國民黨也在他手中終結，淪為在野黨。

民國九十二年五月十日，蘇南成在中天電視接受訪問時說到「兩國論」和「總統延任」掛勾內幕，他說兩國論提出後，因為美國出面干預才逐漸煙消雲散，總統延任案也因此破局；但對同時敲槌通過的國代延任案所代表的改革意義，卻也被外界誤解。

蘇南成在接受專訪結束後，有人問及連戰是否知道兩國論提出之內幕，蘇南成表示：連戰其實並不清楚兩國論的內幕，當初李登輝提出兩國論前他就知道，只是不知道李會告訴德國記者。他強調：兩國論的重點就是透過對現行憲法增修條文的全面大翻修，讓憲法更為完備，包括國土、國會定位、政治制度、人民權利和義務、中央與地方等，但因為茲事體大，且容易造成台獨的疑慮，才引發爭議。

不過，對總統延任案和兩國論的關係，蘇南成表示，李登輝在民國八十八年七月提出的兩國論，引起外界的高度關切，隨後美國也出面干預，認為兩國論就是為總統延任案護航；在美國的壓力下，李登輝也在八十八年八月二十日向他明確表示，總統延任案不可行。

　　蘇南成說，其實總統延任案最原始提案人是民進黨國代，當時的政治情勢反映出陳水扁難以出線，連戰也無力應戰，在擔心宋楚瑜出頭的情況下，決定用廢國大來做為通過總統延任案的籌碼。但是，他後來擔任國大議長後，認為與其廢國大，還不如由國大對政治體制來個全盤的改革，所以才積極推動全面的修憲工作。**⓭**

　　第六次的修憲，明定修憲程序，由立法院提出修憲案後，交由「任務型國代」複決。而修憲條文又規定「任務型國大」須由立法院依「比例代表制」制定法律，才有選舉的法源。修憲提案權，如今專屬於立法院，必須經「四分之一提案、四分之三出席、出席四分之三同意的高門檻。」以目前立法院的政治生態來看，除非各黨派取得高度共識，否則絕難成功。

　　其次「任務型國大」採「比例代表制」而非「政黨比例代表制」的選舉方式，任務型國大選舉辦法，尚未制定，缺少此法，無法產生「任務型國大」。**⓮**總結這十二年來，六次修憲的結果，多數是政治交易下，違反憲政原理的畸形產物，更驗證了李登輝前總統在與民進黨的合作下所修出的，卻是一部毀憲（中華民國憲法）的台獨憲法。

註　釋

❶憲政改革與國民大會 李炳南著 月旦出版社股份有限公司，1994 年 6 月初版。P.14

❷不確定的憲政－第三階段憲政改革之研究 李炳南編著、自版 1998 年 8 月初版。P.13

❸許信良的政治世界 夏珍著 天下遠見出版股份有限公司，1998 年 7 月 8 日第一版，1999 年 9 月 3 日第二版第一次印行。 P.217-P.218

❹李登輝執政告白實錄 鄒景雯整理 印刷出版有限公司，2001 年 5 月初版。P.222

❺同上書。P.227

❻同上書。P.340

❼李登輝執政告白實錄 鄒景雯整理 印刷出版有限公司，2001 年 5 月初版。P.343

❽同上書。P.344

❾民國八十六年六月二十五日，聯合報十一版。

❿李登輝總統的最後一千天 黃年著 聯經出版事業公司，2000 年 5 月初版。P.248

⓫沒有立即採取武赫的原因則是避免激起台灣人民的敵愾同

仇，造成有利於李登輝的選舉行情。

❷李登輝執政告白實錄 鄒景雯整理 印刷出版有限公司，2001
年 5 月初版。P.230

❸民國九十年五月十一日，聯合報二版。

❹民國九十年七月二十日，聯合報二版。

第六章

結論

　　中國延續五千年來的「帝制」，因中華民國成立了民主共和國而終結。稍後雖有袁世凱的復辟，終究無法旋乾轉坤，對抗民主政治的潮流。由於中華民國的政體是依權能區分，並將行政、立法、司法、考試、監察五權分開，彼此分工與制衡。因此，有別於英國的內閣制，或美國的總統制。尤其要把根深蒂固的帝王思想在短時間內，轉化為民主思想，實非易事。因此在　國父孫中山先生的治國理念裏，把民主制度分三個階段來進行，因而有軍政、訓政及憲政的步驟，循序漸進。在人民的政治思維方面，長期以來受帝制的熏陶，短時間內要轉變成民主政治的思考模式，必須有一個完整的理論體系，做為政治社會化的指導。故而立國之初，以　國父孫中山先生之思想、三民主義、五權憲法、民權初步、建國大綱等為依據，因此我國的政治體制，獨樹一格。

　　政府播遷來台後，變成了名符其實的「小國寡民」。在台灣的中華民國相對於大陸，彷彿比例尺縮小三十幾倍的「小人國」，但仍採用大中國的政治體制。在這種情況下，台灣的政治體系及運作就需全盤檢討與改進。其次是中央政府播遷來台後，為了反攻大陸，光復河山，政府全面積極「整軍經武」，避免國內外誤認偏安台灣，或另立國家，故而仍維持大中國的政治架構，以延續所謂的「正統」、「法統」與「道統」。在內部則從最基礎的振興百業，改善國人

生活，提昇國民所得等，讓台灣向貧窮說再見（貧窮是共產主義滋生的溫床）。因此，台灣維持何種政治體系，對於大多數之平民百姓而言是次要的，因為「政治是吃飽飯以後的事」。更坦率的說，政府遷台初期，政治也僅是止於少數所謂「精英」（有權有閒）的專利，如此而已！

但是經過三、四十年的生聚教訓，台灣逐漸在蛻變中，國民所得提高，生活改善，民眾教育普及，與國際間的互動逐漸增加。加上來台初期，為了有別於中共政權，政府推動地方自治，各級公職人員由人民選舉產生等，在經過歷次各項選舉之洗禮，人民逐漸對政治由陌生、認識進而熱衷起來，台灣的政治生態也因此有了很大的變化，在民國七十年代後期，選舉變成為定期的「全民運動」。

憲政體制下原有的五權分立，由於長期在一黨執政的運作下，壓縮了其分權與制衡的作用。這套政治運作（或稱為政治文化）到李登輝就任第八屆總統開始，有了全面性、制度化的調整。李氏初掌政權，在「小中國大制度」的不對等格局下，中華民國憲政體制的調整，已是迫近眉睫了。長期以來，全民背負的「反攻大陸」重任，至此，更是距離現實，愈來愈遠。「反攻無望」所形成的偏安心理或獨立建國的訴求，逐漸形成政治上的兩股力量，不僅相激相盪，而且彼此牽制著。

　　李登輝是台灣籍的總統，就任後所採行的政治改革，當然讓國人有如大旱之望雲霓，也緊緊擄獲台灣同胞民主改革的心，更提供李氏政治改革的揮灑空間。

　　首先，李登輝提出了體制外的「國是會議」，藉以凝聚國人憲政改革的共識，並從第一屆資深中央民意代表的世代更替，進行修改台灣島上不合身的「憲政制服」。但在這個改變的過程中，也許為了要減少不必要的意識型態的衝突，或稱便宜行事，僅從政治運作面思考，把奠基於大中國條件下的「憲政原理」，採切割的方式，雖在十二年裏經過六次大手術，卻仍然與台灣的政治生態，格格不入。其中「總統」與「行政院院長」的微妙的互動關係，這個憲政核心問題的改變，竟成為李登輝執政十餘年來，動盪不安的因素。尤有甚者，人民直接選出的總統是「中華民國」的總統呢？亦或是「台灣」的總統呢？十二年來，政治體制的盤根錯節糾纏不斷，正是源於「憲政原理」的乾坤大挪移所引起，而這個乾坤借法的陰錯陽差，卻是源自於體制外的「國是會議」。

　　誠如許信良所說的，國是會議本來就是李登輝的會議，他想推動改革，也充分了解客觀的國內外政治條件，但他是沒有合法基礎的選舉人團（未改選的國民大會）選出來的，因此缺乏改革的合理性，所以他需要國是會議，來增強改革

的合理性和支持的基礎。❶

　　民國七十九年六月二十八日，民進黨由十七位代表，帶著「民主大憲章」，出席國是會議。憲章中強調以「法國第五共和為藍本，總統直選的雙首長制」。❷由於當時民進黨內，有參加及退出國是會議的不同主張。許氏認為民進黨參加國是會議，會讓國民黨內鬥更劇。因為，國民黨內有人會認為這是國民黨主流派和民進黨主流派的結合。同時，國是會議是社會期待下的產物，民進黨若退出，不符合社會的期待，反而更不容易聚集社會中推動改革的力量。❸

　　長期以來，國民黨對省市長開放民選，國會全面改選，大致已經有了明確的方向，祇是實行的時機，有待評估。因此，民進黨在策略構想下，參加國是會議的目標，就鎖定「總統應由公民選舉」。至於選舉方式，就且戰且走吧！❹

　　國是會議之前，李登輝認為兩蔣時代實施威權統治，對外採取隔絕政策，造成兩岸關係與外交空間，無法正常化開展；對內則進行個人獨裁，人民權利遭到控制，民主政治無法落實。因此台灣要走向全面的民主改革，頭一個關卡就是「萬年國會」的存廢問題。

　　若從體制內進行改革，要國大代表舉手廢除「動員勘亂時期臨時條款」，讓老代表「自廢武功」，達成國會更新，實在是矛盾又極其困難的挑戰。❺

　　李登輝剛從黨內主流與非主流的對抗中獲勝，在就任之前，如何逐步穩定權力基礎，如何在保守勢力盤據的政治結構下，進行大幅度的政治改造？李登輝接受建議，引進體制外的力量來協助。而三月學運時，學生提出的訴求「廢除國民大會」與「總統直選」，正中李氏下懷。李登輝心中清楚，國是會議召開的目的，是為達到加速政治改革，因此必須有反對黨某種程度的參與，及發言的機會。於是他利用第八屆總統就職大典時直接宣佈「一年內終止動員戡亂時期，兩年內完成國會全面改造」。

　　同時頒佈特赦令，恢復政治異議份子的政治權力，做為邀請參與國是會議的伏筆。所以我們可以說，國是會議，是奠定李登輝憲政改造的基礎，也是第一次修憲的契機，更是憲政原理削足適履的開始。第九屆總統是第一次公民直選，李登輝與連戰獲得54%的支持率。❻總統與行政院長的制衡關係，因為總統的直選遭到破壞。

　　在這次總統大選中，台灣第一屆省長宋楚瑜，不僅在台灣省的轄區全程助選，甚至在北高兩市的影響力亦是驚人。宋挾著其當選時472萬餘選票的人氣指數，在李連宋的聯合造勢下，把五千年來首次總統民選的氣勢，襯托的熱烘烘，也凸顯出宋省長在台灣省的政治魅力。選戰激情過後，國內政治生態又開始了許多的變化，由於連戰是以現任之行政院

院長參選，而今勝選，院長一職由誰來擔任呢？沒想到在李登輝的主導下，竟是副總統兼閣揆。這個彷彿走進時光隧道的決定，出乎國人意料。結果在民進黨立委的抗拒下，遲遲無法到立法院施政報告。在民進黨傾全力抗拒連戰的過程中，還勞動大法官的釋憲。大法官婉轉的指出不宜由副總統兼行政院長，等於是間接的否定了李登輝當初的決定。

此外，檢討本次總統選票的分佈，除掉金門、馬祖、台北市、高雄市、之外在台灣省的得票數（489萬965票）與宋省長（472萬6012票）的票數相去不遠（相差16萬4953票），迫使李登輝必須要直接面對，全國第二個擁有最多民意的地方首長。

第四次修憲的目的，在於鞏固總統的絕對權力，同時排除省長的民意壓力。李登輝本人曾擔任行政院政務委員，爾後又出任台北市長，台灣省主席，雖然都是官派職務，但都是非常重要的地方首長。尤其在台灣省主席任內，何嘗不知省與國的行政區域及人口彼此的重疊性，卻仍然在第二次修憲時，決定開放省長民選。其道理何在？其次是總統選舉的方式，還沒做最後的決定，為何又急於開放？其實李登輝是從自己的政治目的上考慮，而非從治國安邦的角度思考。目的有二，其一是總統直選在即，若有省長的全省助選，當可立於不敗之地。其次是，滿足民進黨擴充政治版圖的企圖，

日後才能若即若離的聯手對抗所謂國民黨的非主流派。李登輝執政以來，遭黨內非主流的制肘，一但有所徐圖，立刻遭批評或反對。唯有與民進黨的合作，才能激發全台灣草根的民粹風氣，也才能戰勝非主流的挑戰。

總統直選成功後，凍結省長選舉就成為當務之急。然而為了要安撫廢宋而凍結選舉的省議員，竟用擴充立委人數的方式，提供省議員從省級地方民代，躍升為中央最高民意代表的從政之路。因此許多虧欠省長人情的省議員或國大代表，初期激烈反對凍省，但經過幾次的表態後，這些反對的動作也就無疾而終。這也就是在整個國發會，第四次修憲時，反對凍省最後變成雷大雨小的原因。

在民進黨方面，早期的政治反對者，多滯於國外。留在國內者，則常因為選舉利害，分分合合。尤其是美麗島系的成員遭判刑之後，當時在台灣的政壇上，夠份量的政治人物，寥寥可數。李登輝雖是「萬年國代」所選出的第八任總統，但是台灣人「出頭天」卻是令民進黨及本省同胞雀躍異常。再加上李登輝長期以來的政治立場並非是國民黨的死硬派，甚至還傳出兩次加入共產黨，且在當年二二八事件中，亦列為有問題的人物，險遭拘禁，因此民進黨對李登輝當總統是有所期待的。

第八任總統的特赦令，讓民進黨所謂的前輩有機會回到

台灣的政治舞台，許信良更因此當選民進黨主席。許氏總結以往的經驗，認為台灣的政治氣候，已經有利於選舉的方式，邁向執政之路將是指日可期的。而群眾運動則必須退居發展策略的第二線，此理論恰正符合了李登輝初登大基的需求，故而在許氏兩度擔任民進黨主席任內，與李登輝的一拍即合，合作無間。而合作的策略則是「與李登輝個人聯合，與國民黨鬥爭」。民進黨的選舉路線，雖在第一次的省長及總統大選時遭到挫敗，但於其他選舉方面是成功的。許信良深刻感受到，台灣省長的位子及宋楚瑜個人的政治魅力，選戰打得民進黨毫無招架之力。

　　環視台灣政壇，超人氣之政治人物除了李登輝之外，則非宋楚瑜莫屬了。尤有甚者，宋楚瑜挾省長民選的第一人之令名，用全省走透透的方式，把省府資源運用的如此巧妙，雖然反對者以「散財童子」、「惡化省府財政」、「搞葉爾欽效應」……等加以攻擊，卻無法撼動省民對省長的熱情接觸。而一心想要競選總統的許信良，看在眼裡，這簡直是他邁向總統之路的絆腳巨石，必除之而後快，這也就是在國發會中，與李許二人合作「凍省廢宋」的主要原因。

　　再其次是李登輝在修憲時，堅持總統直接民選，大家就認為這是李登輝為日後參選的安排。雖然李本身一再否認，可是沒有人相信。所以國民黨內才有二組死對頭出來挑戰

「李氏誠信」，民進黨則由彭明敏、謝長廷出馬。以李登輝與彭明敏兩人選舉的天平上，那是沒得比。再加上許信良在黨內初選落敗，是否會全心全力支持彭，不得而知。至於民進黨內當紅的台北市長陳水扁，在一次的談話裡，無意間脫口而出，批評彭明敏選總統彷彿「阿婆生仔」。當時陳水扁是用台語說出這句台灣俚語，真正的意思是不可能。因此選後李連雖然獲得 54％強的選票，但卻也流傳出民進黨在總統選舉時，大力挺李—「棄彭保李」。因為唯恐陳履安、王清峰；林洋港、郝柏村兩人把李連拖垮，造成彭明敏及謝長廷漁翁得利。因此，國發會的共識，重要的議題，幾乎可說是李登輝與許信良的共識，祇是用國發會之名，加以包裝隱藏而已。取消「行政院院長的同意權」滿足了李登輝的需求；「凍省廢宋」則如許信良所願，各取所需。經過凍省修憲的政治鬥爭，宋楚瑜離開了國民黨。第十屆總統的提名，許信良卻出乎意料的出局，而且退出民進黨，成為與宋楚瑜都是獨立的參選人。

　　在李登輝欽定連戰、蕭萬長為國民黨總統、副總統候選人後，亦獲得國民黨第十五全會黨代表初選投票一致的支持，但民意調查卻一直不見起色；相對的民進黨的陳水扁亦是民調低迷，但是在卸任省長後的宋楚瑜，民調多次，居高不下。

老謀深算的李登輝唯恐宋楚瑜勝出，於是在選前，也就是民國八十八年七月九日，在「德國之聲」的德國記者訪問中提出「兩國論」，企圖重演在第九屆總統選舉時，發生台海危機的伎倆。❼並準備於適當時機，透過第五次修憲，意圖延長總統任期。此時民進黨的候選人陳水扁也沒有勝選的跡象，因而傾向支持總統延任，以冷卻選民支持宋楚瑜的熱情。兩國論一出，造成中共、美國、台灣三地的政治大震撼，總統延任及兩國論入憲之企圖遭到美國強力阻止，胎死腹中。但卻沒想到國代卻逕自將自己及立委的任期延長，而且美其名為「國會改革」。更荒謬的是大法官足足等到半年後國民黨敗選一週後，才解釋無效。

既然第三屆國代延任不成，那第四屆國代選舉，必須按期舉行。但是此時，宋楚瑜也因總統敗選，成立親民黨。面對即將來到的國代選舉，親民黨的候選人，正在磨刀霍霍，準備挾宋楚瑜高票落選的人氣，從國代選舉中，扳回一城。

結果在國民黨與民進黨的「防宋策略下」，迅速召開會議，進行第六次修憲，由國代自己把國民大會「虛級化」。從此，國大從常設機構變成「任務型」，終於結束了李登輝在位十二年六次修憲的亂源。

政黨輪替後，李登輝在黨員群眾示威下辭去主黨席職位，而淪為在野的國民黨，正在徐圖東山再起時，辭去國民

黨主席的李登輝，卻又拿出更令人無法信服的理由：民進黨剛執政，像小孩學步，為了穩定政局，因此必須另組政黨來幫助民進黨，使其在立法院內成為多數黨。

回顧李登輝剛擔任主席時的國民黨第十三全會，把一些老國民黨員逼出黨中央的「決策圈」，第十四全會時，逼走黨員成立「新黨」，第十五全會後宋楚瑜出走，第十六全會時，卻是自己離開了國民黨，成為「台灣團結聯盟」精神領袖，自願擔任民進黨的護翼。李登輝的台獨真面目，至此大白於世，而從此在國人面前將永無機會掩飾！（而且似無掩飾必要了）

註　釋

❶許信良的政治世界 夏珍著 天下遠見出版股份有限公司，1998 年 7 月 8 日第一版，1999 年 9 月 3 日第二版第一次印行。P.167

❷許信良的政治世界 夏珍著 天下遠見出版股份有限公司，1998 年 7 月 8 日第一版，1999 年 9 月 3 日第二版第一次印行。P.169

❸同上書。P.170

❹同上書。P.171

❺李登輝執政告白實錄 鄒景雯整理 印刷出版有限公司，2001 年 5 月初版。P.330-P.331

❻一、李登輝、連戰獲得 581 萬 3699 票（國民黨）。

二、彭明敏、謝長廷獲得 287 萬 4586 票（民進黨）。

三、林洋港、郝柏村獲得 160 萬 3790 票（無黨籍）。

四、陳履安、王清峰獲得 107 萬 4044 票（無黨籍）。

❼中共自 1995 年下半年到 1996 年初共三次飛彈演習，而這次則屬第三次（1996.03.05）在台灣近海進行導彈試射演習，正是第九屆總統後選舉進入白熱化的階段。

跋

台灣模範省，國之主基樑。　　修憲與凍省，全民共神傷。
兩黨同合謀，草山共秘商。　　讜論及清議，沸沸且揚揚。

凍省兼廢宋，權謀並考量。　　省民其權益，誰來為伸張？
爾虞亦我詐，競短又論長。　　枯榮皆有數，得失更難量！

凍省風雲起，成效未顯彰。　　繁華半世紀，瞬息草頭霜。
李氏王朝滅，執政換人當。　　巔峰跌谷底，興盛變蕪荒。

景物依舊在，人心悽又惶。　　親身為見證，著書還真相。
修憲風雲錄，憲政史一章。　　中興再出發，台灣新希望。

　　九十二年五月七日率立法院法制委員會赴南投中興新村台灣省政府及省咨議會，考察聽取業務報告後，睹物傷情，適逢此書完稿及修憲凍省通過六週年前夕，心有所感，特作此跋。

呂學樟于立法院
九十二年五月八日

附錄一

中華民國憲法

中華民國三十五年十二月二十五日國民大會通過
中華民國三十六年一月一日國民政府公布
中華民國三十六年十二月二十五日施行

　　中華民國國民大會受全體國民之付託，依據　孫中山先生創立中華民國之遺教，為鞏固國權，保障民權，奠定社會安寧，增進人民福利，制定本憲法，頒行全國，永矢咸遵。

第一章　總綱

第一條　中華民國基於三民主義，為民有民治民享之民主共和國。

第二條　中華民國之主權屬於國民全體。

第三條　具有中華民國國籍者為中華民國國民。

第四條　中華民國領土，依其固有之疆域，非經國民大會之

決議，不得變更之。

第五條　中華民國各民族一律平等。

第六條　中華民國國旗定為紅地，左上角青天白日。

第二章　人民之權利與義務

第七條　中華民國人民，無分男女，宗教，種族，階級，黨派，在法律上一律平等。

第八條　人民身體之自由應予保障。除現行犯之逮捕由法律另定外，非經司法或警察機關依法定程序，不得逮捕拘禁。非由法院依法定程序，不得審問處罰。非依法定程序之逮捕，拘禁，審問，處罰，得拒絕之。

人民因犯罪嫌疑被逮捕拘禁時，其逮捕拘禁機關應將逮捕拘禁原因，以書面告知本人及其本人指定之親友，並至遲於二十四小時內移送該管法院審問。本人或他人亦得聲請該管法院，於二十四小時內向逮捕之機關提審。

法院對於前項聲請，不得拒絕，並不得先令逮捕拘禁之機關查覆。逮捕拘禁之機關，對於法院之提審，不得拒絕或遲延。人民遭受任何機關非法逮捕

拘禁時，其本人或他人得向法院聲請追究，法院不得拒絕，並應於二十四小時內向逮捕拘禁之機關追究，依法處理。

第九條　人民除現役軍人外，不受軍事審判。

第十條　人民有居住及遷徙之自由。

第十一條　人民有言論，講學，著作及出版之自由。

第十二條　人民有秘密通訊之自由。

第十三條　人民有信仰宗教之自由。

第十四條　人民有集會及結社之自由。

第十五條　人民之生存權，工作權及財產權，應予保障。

第十六條　人民有請願，訴願及訴訟之權。

第十七條　人民有選舉，罷免，創制及複決之權。

第十八條　人民有應考試服公職之權。

第十九條　人民有依法律納稅之義務。

第二十條　人民有依法律服兵役之義務。

第二十一條　人民有受國民教育之權利與義務。

第二十二條　凡人民之其他自由及權利，不妨害社會秩序公共利益者，均受憲法之保障。

第二十三條　以上各條列舉之自由權利，除為防止妨礙他人自由，避免緊急危難，維持社會秩序，或增進公共利益所必要者外，不得以法律限制之。

第二十四條　凡公務員違法侵害人民之自由或權利者，除依法律受懲戒外，應負刑事及民事責任。被害人民就其所受損害，並得依法律向國家請求賠償。

第三章　國民大會

第二十五條　國民大會依本憲法之規定，代表全國國民行使政權。

第二十六條　國民大會以左列代表組織之：

一　每縣市及其同等區域各選出代表一人，但其人口逾五十萬人者，每增加五十萬人，增選代表一人。縣市同等區域以法律定之。

二　蒙古選出代表，每盟四人，每特別旗一人。

三　西藏選出代表，其名額以法律定之。

四　各民族在邊疆地區選出代表，其名額以法律定之。

五　僑居國外之國民選出代表，其名額以法律定之。

六　職業團體選出代表，其名額以法律定之。

七　婦女團體選出代表，其名額以法律定之。

第二十七條　國民大會之職權如左：

一　選舉總統副總統。

二　罷免總統副總統。

三　修改憲法。

四　複決立法院所提之憲法修正案。

關於創制複決兩權，除前項第三第四兩款規定外，俟全國有半數之縣市曾經行使創制複決兩項政權時，由國民大會制定辦法並行使之。

第二十八條　國民大會代表每六年改選一次。

每屆國民大會代表之任期至次屆國民大會開會之日為止。

現任官吏不得於其任所所在地之選舉區當選為國民大會代表。

第二十九條　國民大會於每屆總統任滿前九十日集會，由總統召集之。

第三十條　國民大會遇有左列情形之一時，召集臨時會：

一　依本憲法第四十九條之規定，應補選總統副總統時。

二　依監察院之決議，對於總統副總統提出彈劾

案時。

三　依立法院之決議，提出憲法修正案時。

四　國民大會代表五分之二以上請求召集時。

國民大會臨時會，如依前項第一款或第二款應召集時，由立法院院長通告集會。依第三款或第四款應召集時，由總統召集之。

第三十一條　國民大會之開會地點在中央政府所在地。

第三十二條　國民大會代表在會議時所為之言論及表決，對會外不負責任。

第三十三條　國民大會代表，除現行犯外，在會期中，非經國民大會許可，不得逮捕或拘禁。

第三十四條　國民大會之組織，國民大會代表之選舉罷免，及國民大會行使職權之程序，以法律定之。

第四章　總統

第三十四條　總統為國家元首，對外代表中華民國。

第三十六條　總統統率全國陸海空軍。

第三十七條　總統依法公布法律，發布命令，須經行政院院長之副署，或行政院院長及有關部會首長之副署。

第三十八條　總統依本憲法之規定，行使締結條約及宣戰媾
　　　　　　和之權。

第三十九條　總統依法宣布戒嚴，但須經立法院之通過或追
　　　　　　認。立法院認為必要時，得決議移請總統解
　　　　　　嚴。

第四十條　　總統依法行使大赦，特赦，減刑及復權之權。

第四十一條　總統依法任免文武官員。

第四十二條　總統依法授與榮典。

第四十三條　國家遇有天然災害，癘疫，或國家財政經濟上
　　　　　　有重大變故，須為急速處分時，總統於立法院
　　　　　　休會期間，得經行政院會議之決議，依緊急命
　　　　　　令法，發布緊急命令，為必要之處置，但須於
　　　　　　發布命令後一個月內提交立法院追認。
　　　　　　如立法院不同意時，該緊急命令立即失效。

第四十四條　總統對於院與院間之爭執，除本憲法有規定者
　　　　　　外，得召集有關各院院長會商解決之。

第四十五條　中華民國國民年滿四十歲者得被選為總統副總
　　　　　　統。

第四十六條　總統副總統之選舉，以法律定之。

第四十七條　總統副總統之任期為六年，連選得連任一次。

第四十八條　總統應於就職時宣誓，誓詞如左：

「余謹以至誠，向全國人民宣誓，余必遵守憲法，盡忠職務，增進人民福利，保衛國家，無負國民付託。如違誓言，願受國家嚴厲之制裁。謹誓。」

第四十九條　總統缺位時，由副總統繼任，至總統任期屆滿為止。總統副總統均缺位時，由行政院院長代行其職權，並依本憲法第三十條之規定，召集國民大會臨時會，補選總統、副總統，其任期以補足原任總統未滿之任期為止。

總統因故不能視事時，由副總統代行其職權。

總統副總統均不能視事時，由行政院院長代行其職權。

第五十條　總統於任滿之日解職。如屆期次任總統尚未選出，或選出後總統副總統均未就職時，由行政院院長代行總統職權。

第五十一條　行政院院長代行總統職權時，其期限不得逾三個月。

第五十二條　總統除犯內亂或外患罪外，非經罷免或解職，不受刑事上之訴究。

第五章　行政

第五十三條　行政院為國家最高行政機關。

第五十四條　行政院設院長副院長各一人，各部會首長若干人，及不管部會之政務委員若干人。

第五十五條　行政院院長由總統提名，經立法院同意任命之。立法院休會期間，行政院院長辭職或出缺時，由行政院副院長代理其職務，但總統須於四十日內咨請立法院召集會議，提出行政院院長人選徵求同意。行政院院長職務，在總統所提行政院院長人選未經立法院同意前，由行政院副院長暫行代理。

第五十六條　行政院副院長，各部會首長及不管部會之政務委員，由行政院院長提請總統任命之。

第五十七條　行政院依左列規定，對立法院負責：

一　行政院有向立法院提出施政方針及施政報告之責。

立法委員在開會時，有向行政院院長及行政院各部會首長質詢之權。

二　立法院對於行政院之重要政策不贊同時，

得以決議移請行政院變更之。行政院對於立法院之決議，得經總統之核可，移請立法院覆議。覆議時，如經出席立法委員三分之二維持原決議，行政院院長應即接受該決議或辭職。

三　行政院對於立法院決議之法律案，預算案，條約案，如認為有窒礙難行時，得經總統之核可，於該決議案送達行政院十日內，移請立法院覆議。覆議時，如經出席立法委員三分之二維持原案，行政院院長應即接受該決議或辭職。

第五十八條　行政院設行政院會議，由行政院院長，副院長，各部會首長及不管部會之政務委員組織之，以院長為主席。

行政院院長，各部會首長，須將應行提出於立法院之法律案，預算案，戒嚴案，大赦案，宣戰案，媾和案，條約案及其他重要事項，或涉及各部會共同關係之事項，提出於行政院會議議決之。

第五十九條　行政院於會計年度開始三個月前，應將下年度預算案提出於立法院。

第六十條　　行政院於會計年度結束後四個月內，應提出決算
　　　　　　於監察院。

第六十一條　行政院之組織，以法律定之。

第六章　立法

第六十二條　立法院為國家最高立法機關，由人民選舉之立
　　　　　　法委員組織之，代表人民行使立法權。

第六十三條　立法院有議決法律案，預算案，戒嚴案，大赦
　　　　　　案，宣戰案，媾和案，條約案及國家其他重要
　　　　　　事項之權。

第六十四條　立法院立法委員依左列規定選出之：

　　　　　　一　各省，各直轄市選出者，其人口在三百萬
　　　　　　　　以下者五人，其人口超過三百萬者，每滿
　　　　　　　　一百萬人增選一人。

　　　　　　二　蒙古各盟旗選出者。

　　　　　　三　西藏選出者。

　　　　　　四　各民族在邊疆地區選出者。

　　　　　　五　僑居國外之國民選出者。

　　　　　　六　職業團體選出者。

　　　　　　立法委員之選舉及前項第二款至第六款立法委

員名額之分配，以法律定之。婦女在第一項各
款之名額，以法律定之。

第六十五條　立法委員之任期為三年，連選得連任，其選舉
於每屆任滿前三個月內完成之。

第六十六條　立法院設院長副院長各一人，由立法委員互選
之。

第六十七條　立法院得設各種委員會。

各種委員會得邀請政府人員及社會上有關係人
員到會備詢。

第六十八條　立法院會期，每年兩次，自行集會，第一次自
二月至五月底，第二次自九月至十二月底，必
要時得延長之。

第六十九條　立法院遇有左列情事之一時，得開臨時會：

一　總統之咨請。

二　立法委員四分之一以上之請求。

第七十條　立法院對於行政院所提預算案，不得為增加支出
之提議。

第七十一條　立法院開會時，關係院院長及各部會首長得列
席陳述意見。

第七十二條　立法院法律案通過後，移送總統及行政院，總
統應於收到後十日內公布之，但總統得依照本

　　　　　　憲法第五十七條之規定辦理。

第七十三條　立法委員在院內所為之言論及表決，對院外不負責任。

第七十四條　立法委員，除現行犯外，非經立法院許可，不得逮捕或拘禁。

第七十五條　立法委員不得兼任官吏。

第七十六條　立法院之組織，以法律定之。

第七章　司法

第七十七條　司法院為國家最高司法機關，掌理民事，刑事，行政訴訟之審判，及公務員之懲戒。

第七十八條　司法院解釋憲法，並有統一解釋法律及命令之權。

第七十九條　司法院設院長副院長各一人，由總統提名，經監察院同意任命之。

　　　　　　司法院設大法官若干人，掌理本憲法第七十八條規定事項，由總統提名，經監察院同意任命之。

第八十條　　法官須超出黨派以外，依據法律獨立審判，不受任何干涉。

第八十一條　法官為終身職，非受刑事或懲戒處分，或禁治
　　　　　　產之宣告，不得免職。非依法律，不得停職，
　　　　　　轉任或減俸。

第八十二條　司法院及各級法院之組織，以法律定之。

第八章　考試

第八十三條　考試院為國家最高考試機關，掌理考試，任
　　　　　　用，銓敘，考績，級俸，陞遷，保障，褒獎，
　　　　　　撫卹，退休，養老等事項。

第八十四條　考試院設院長副院長各一人，考試委員若干
　　　　　　人，由總統提名，經監察院同意任命之。

第八十五條　公務人員之選拔，應實行公開競爭之考試制
　　　　　　度，並應按省區分別規定名額，分區舉行考
　　　　　　試，非經考試及格者，不得任用。

第八十六條　下列資格，應經考試院依法考選銓定之：
　　　　　　一　公務人員任用資格。
　　　　　　二　專門職業及技術人員執業資格。

第八十七條　考試院關於所掌事項，得向立法院提出法律
　　　　　　案。

第八十八條　考試委員須超出黨派以外，依據法律獨立行使

職權。

第八十九條　考試院之組織，以法律定之。

第九章　監察

第九十條　監察院為國家最高監察機關，行使同意，彈劾，
　　　　　糾舉及審計權。

第九十一條　監察院設監察委員，由各省市議會，蒙古西藏
　　　　　地方議會，及華僑團體選舉之。其名額分配依
　　　　　左列之規定：

一　每省五人。

二　每直轄市二人。

三　蒙古各盟旗共八人。

四　西藏八人。

五　僑居國外之國民八人。

第九十二條　監察院設院長副院長各一人，由監察委員互選
　　　　　之。

第九十三條　監察委員之任期為六年，連選得連任。

第九十四條　監察院依本憲法行使同意權時，由出席委員過
　　　　　半數之議決行之。

第九十五條　監察院為行使監察權，得向行政院及其各部會

調閱其所發布之命令及各種有關文件。

第九十六條　監察院得按行政院及其各部會之工作，分設若干委員會，調查一切設施，注意其是否違法或失職。

第九十七條　監察院經各該委員會之審查及決議，得提出糾正案，移送行政人員，認為有失職或違法情事，得提出糾舉案或彈劾案，如涉及刑事，應移送法院辦理。

第九十八條　監察院對於中央及地方公務人員之彈劾案，須經監察委員一人以上之提議，九人以上之審查及決定，始得提出。

第九十九條　監察院對於司法院或考試院人員失職或違法之彈劾，適用本憲法第九十五條，第九十七條，及第九十八條之規定。

第一百條　監察院對於總統副總統之彈劾案，須有全體監察委員四分之一以上之提議，全體監察委員過半數之審查及決議，向國民大會提出之。

第一百零一條　監察委員在院內所為之言論及表決，對院外不負責任。

第一百零二條　監察委員，除現行犯外，非經監察院許可，不得逮捕或拘禁。

第一百零三條　監察委員不得兼任其他公職或執行業務。

第一百零四條　監察院設審計長，由總統提名，經立法院同意任命之。

第一百零五條　審計長應於行政院提出決算後三個月內，依法完成其審核，並提出審核報告於立法院。

第一百零六條　監察院之組織，以法律定之。

第十章　中央與地方之權限

第一百零七條　下列事項，由中央立法並執行之：

一　外交。

二　國防與國防軍事。

三　國籍法，及刑事民事商事之法律。

四　司法制度。

五　航空，國道，國有鐵路，航政，郵政及電政。

六　中央財政與國稅。

七　國稅與省稅縣稅之劃分。

八　國營經濟事業。

九　幣制及國家銀行。

十　度量衡。

十一　國際貿易政策。

十二　涉外之財政經濟事項。

十三　其他依本憲法所定關於中央之事項。

第一百零八條　左列事項，由中央立法並執行之或交由省縣執行之：

一　省縣自治通則。

二　行政區劃。

三　森林，工礦及商業。

四　教育制度。

五　銀行及交易所制度。

六　航業及海洋漁業。

七　公用事業。

八　合作事業。

九　二省以上之水陸交通運輸。

十　二省以上之水利，河道及農牧事業。

十一　中央及地方官吏之銓敘，任用，糾察及保障。

十二　土地法。

十三　勞動法及其他社會立法。

十四　公用徵收。

十五　全國戶口調查及統計。

十六　移民及墾殖。

十七　警察制度。

十八　公共衛生。

十九　賑濟，撫卹及失業救濟。

二十　有關文化之古籍，古物及古蹟之保
　　　存。

前項各款，省於不牴觸國家法律內，得制定
單行法規。

第一百零九條　下列事項，由省立法並執行之，或交由縣執
行之：

一　省教育，衛生，實業及交通。

二　省財產之經營及處分。

三　省市政。

四　省公營事業。

五　省合作事業。

六　省農林，水利，漁牧及工程。

七　省財政及省稅。

八　省債。

九　省銀行。

十　省警政之實施。

十一　省慈善及公益事項。

十二　其他依國家法律賦予之事項。

前項各款，有涉及二省以上者，除法律別有規定外，得由有關各省共同辦理。各省辦理第一項各款事務，其經費不足時，經立法院議決，由國庫補助之。

第一百十條　下列事項，由縣立法並執行之：

一　縣教育，衛生，實業及交通。

二　縣財產之經營及處分。

三　縣公營事業。

四　縣合作事業。

五　縣農林，水利，漁牧及工程。

六　縣財政及縣稅。

七　縣債。

八　縣銀行。

九　縣警衛之實施。

十　縣慈善及公益事項。

十一　其他依國家法律及省自治法賦予之事項。

前項各款，有涉及二縣以上者，除法律別有規定外，得由有關各縣共同辦理。

第一百十一條　除第一百零七條，第一百零八條，第一百零

九條及第一百十條列舉事項外，如有未列舉事項發生時，其事務有全國一致之性質者屬於中央，有全省一致之性質者屬於省，有一縣之性質者屬於縣。遇有爭議時，由立法院解決之。

第十一章 地方制度

第一節 省

第一百十二條　省得召集省民代表大會，依據省縣自治通則，制定省自治法，但不得與憲法牴觸。

省民代表大會之組織及選舉，以法律定之。

第一百十三條　省自治法應包含左列各款：

一　省設省議會，省議會議員由省民選舉之。

二　省設省政府，置省長一人。省長由省民選舉之。

三　省與縣之關係。

屬於省之立法權，由省議會行之。

第一百十四條　省自治法制定後，須即送司法院。司法院如

認為有違憲之處，應將違憲條文宣布無效。

第一百十五條 省自治法施行中，如因其中某條發生重大障礙，經司法院召集有關方面陳述意見後，由行政院院長，立法院院長，司法院院長，考試院院長與監察院院長組織委員會，以司法院院長為主席，提出方案解決之。

第一百十六條 省法規與國家法律牴觸者無效。

第一百十七條 省法規與國家法律有無牴觸發生疑義時，由司法院解釋之。

第一百十八條 直轄市之自治，以法律定之。

第一百十九條 蒙古各盟旗地方自治制度，以法律定之。

第一百二十條 西藏自治制度，應予以保障。

第二節　縣

第一百二十一條 縣實行縣自治。

第一百二十二條 縣得召集縣民代表大會，依據省縣自治通則，制定縣自治法，但不得與憲法及省自治法牴觸。

第一百二十三條 縣民關於縣自治事項，依法律行使創制複決之權，對於縣長及其他縣自治人員，依法律行使選舉罷免之權。

第一百二十四條　縣設縣議會。縣議會議員由縣民選舉之。屬於縣之立法權，由縣議會行之。

第一百二十五條　縣單行規章，與國家法律或省法規牴觸者無效。

第一百二十六條　縣設縣政府，置縣長一人。縣長由縣民選舉之。

第一百二十七條　縣長辦理縣自治，並執行中央及省委辦事項。

第一百二十八條　市準用縣之規定。

第十二章　選舉　罷免　創制　複決

第一百二十九條　本憲法所規定之各種選舉，除本憲法別有規定外，以普通，平等，直接及無記名投票之方法行之。

第一百三十條　中華民國國民年滿二十歲者，有依法選舉之權。除本憲法及法律別有規定者外，年滿二十三歲者，有依法被選舉之權。

第一百三十一條　本憲法所規定各種選舉之候選人，一律公開競選。

第一百三十二條　選舉應嚴禁威脅利誘。選舉訴訟，由法院

審判之。

第一百三十三條　被選舉人得由原選舉區依法罷免之。

第一百三十四條　各種選舉，應規定婦女當選名額，其辦法以法律定之。

第一百三十五條　內地生活習慣特殊之國民代表名額及選舉，其辦法以法律定之。

第一百三十六條　創制複決兩權之行使，以法律定之。

第十三章　基本國策

第一節　國防

第一百三十七條　中華民國之國防，以保衛國家安全，維護世界和平為目的。國防之組織，以法律定之。

第一百三十八條　全國陸海空軍，須超出個人，地域及黨派關係以外，效忠國家，愛護人民。

第一百三十九條　任何黨派及個人不得以武裝力量為政爭之工具。

第一百四十條　現役軍人不得兼任文官。

第二節　外交

第一百四十一條　　中華民國之外交，應本獨立自主之精神，平等互惠之原則，敦睦邦交，尊重條約及聯合國憲章，以保護僑民權益，促進國際合作，提倡國際正義，確保世界和平。

第三節　國民經濟

第一百四十二條　　國民經濟應以民生主義為基本原則，實施平均地權，節制資本，以謀國計民生之均足。

第一百四十三條　　中華民國領土內之土地屬於國民全體。人民依法取得之土地所有權，應受法律之保障與限制。私有土地應照價納稅，政府並得照價收買。

附著於土地之礦，及經濟上可供公眾利用之天然力，屬於國家所有，不因人民取得土地所有權而受影響。

土地價值非因施以勞力資本而增加者，應由國家徵收土地增值稅，歸人民共享之。

國家對於土地之分配與整理，應以扶植自

耕農及自行使用土地人為原則，並規定其
適當經營之面積。

第一百四十四條　公用事業及其他有獨佔性之企業，以公營
為原則，其經法律許可者，得由國民經營
之。

第一百四十五條　國家對於私人財富及私營事業，認為有妨
害國計民生之平衡發展者，應以法律限制
之。

合作事業應受國家之獎勵與扶助。

國民生產事業及對外貿易，應受國家之獎
勵，指導及保護。

第一百四十六條　國家應運用科學技術，以興修水利，增進
地力，改善農業環境，規劃土地利用，開
發農業資源，促成農業之工業化。

第一百四十七條　中央為謀省與省間之經濟平衡發展，對於
貧瘠之省，應酌予補助。

省為謀縣與縣間之經濟平衡發展，對於貧
瘠之縣，應酌予補助。

第一百四十八條　中華民國領域內，一切貨物應許自由流
通。

第一百四十九條　金融機構，應依法受國家之管理。

第一百五十條　　國家應普設平民金融機構，以救濟失業。

第一百五十一條　國家對於僑居國外之國民，應扶助並保護
　　　　　　　　其經濟事業之發展。

第四節　社會安全

第一百五十二條　人民具有工作能力者，國家應予以適當之
　　　　　　　　工作機會。

第一百五十三條　國家為改良勞工及農民之生活，增進其生
　　　　　　　　產技能，應制定保護勞工及農民之法律，
　　　　　　　　實施保護勞工及農民之政策。
　　　　　　　　婦女兒童從事勞動者，應按其年齡及身體
　　　　　　　　狀態，予以特別之保護。

第一百五十四條　勞資雙方應本協調合作原則，發展生產事
　　　　　　　　業。勞資糾紛之調解與仲裁，以法律定
　　　　　　　　之。

第一百五十五條　國家為謀社會福利，應實施社會保險制
　　　　　　　　度。人民之老弱殘廢，無力生活，及受非
　　　　　　　　常災害者，國家應予以適當之扶助與救
　　　　　　　　濟。

第一百五十六條　國家為奠定民族生存發展之基礎，應保護
　　　　　　　　母性，並實施婦女兒童福利政策。

第一百五十七條　國家為增進民族健康，應普遍推行衛生保
　　　　　　　　健事業及公醫制度。

第五節　教育文化

第一百五十八條　教育文化，應發展國民之民族精神，自治
　　　　　　　　精神，國民道德，健全體格，科學及生活
　　　　　　　　智能。

第一百五十九條　國民受教育之機會一律平等。

第一百六十條　六歲至十二歲之學齡兒童，一律受基本教
　　　　　　　育，免納學費。其貧苦者，由政府供給書
　　　　　籍。

　　　　　　　已逾學齡未受基本教育之國民，一律受補習教
　　　　育，免納學費，其書籍亦由政府供給。

第一百六十一條　各級政府應廣設獎學金名額，以扶助學行
　　　　　　　　俱優無力升學之學生。

第一百六十二條　全國公私立之教育文化機關，依法律受國
　　　　　　　　家之監督。

第一百六十三條　國家應注重各地區教育之均衡發展，並推
　　　　　　　　行社會教育，以提高一般國民之文化水
　　　　　　　　準，邊遠及貧瘠地區之教育文化經費，由
　　　　　　　　國庫補助之。其重要之教育文化事業，得

由中央辦理或補助之。

第一百六十四條　教育，科學，文化之經費，在中央不得少於其預算總額百分之十五，在省不得少於其預算總額百分之二十五，在市縣不得少於其預算總額百分之三十五。其依法設置之教育文化基金及產業，應予以保障。

第一百六十五條　國家應保障教育，科學，藝術工作者之生活，並依國民經濟之進展，隨時提高其待遇。

第一百六十六條　國家應獎勵科學之發明與創造，並保護有關歷史文化藝術之古蹟古物。

第一百六十七條　國家對於左列事業或個人，予以獎勵或補助：

一　國內私人經營之教育事業成績優良者。

二　僑居國外國民之教育事業成績優良者。

三　於學術或技術有發明者。

四　從事教育久於其職而成績優良者。

第六節　邊疆地區

第一百六十八條　國家對於邊疆地區各民族之地位，應予以
　　　　　　　　合法之保障，並於其地方自治事業，特別
　　　　　　　　予以扶植。

第一百六十九條　國家對於邊疆地區各民族之教育，文化，
　　　　　　　　交通，水利，衛生，及其他經濟，社會事
　　　　　　　　業，應積極舉辦，並扶助其發展，對於土
　　　　　　　　地使用，應依其氣候，土壤性質，及人民
　　　　　　　　生活習慣之所宜，予以保障及發展。

第十四章　憲法之施行及修改

第一百七十條　本憲法所稱之法律，謂經立法院通過，總統
　　　　　　　公布之法律。

第一百七十一條　法律與憲法牴觸者無效。
　　　　　　　　法律與憲法有無牴觸發生疑義時，由司法
　　　　　　　　院解釋之。

第一百七十二條　命令與憲法或法律牴觸者無效。

第一百七十三條　憲法之解釋，由司法院為之。

第一百七十四條　憲法之修改，應依左列程序之一為之：

一　由國民大會代表總額五分之一提議，
　　三分之二之出席，及出席代表四分之
　　三之決議，得修改之。

二　由立法院立法委員四分之一之提議，
　　四分之三之出席，及出席委員四分之
　　三之決議，擬定憲法修正案，提請國
　　民大會複決。此項憲法修正案應於國
　　民大會開會前半年公告之。

第一百七十五條　本憲法規定事項，有另定實施程序之必要
　　　　　　　　者，以法律定之。

　　　　　　　　本憲法施行之準備程序由制定憲法之國民
　　　　　　　　大會議定之。

附錄二

第一次憲法增修條文

民國 80 年 5 月 1 日總統公布

　　為因應國家統一前之需要，依照憲法第二十七條第一項第三款及第一百七十四條第一款之規定，增修本憲法條文如左：

第一條　國民大會代表依左列規定選出之，不受憲法第二十六條及第一百三十五條之限制：

　　一　自由地區每直轄市、縣市各二人，但其人口逾十萬人者，每增加十萬人增一人。

　　二　自由地區平地山胞及山地山胞各三人。

　　三　僑居國外國民二十人。

　　四　全國不分區八十人。

前項第一款每直轄市、縣市選出之名額及第三款、第四款各政黨當選之名額，在五人以上十人以下

者，應有婦女當選名額一人，超過十人者，每滿十人應增婦女當選名額一人。

第二條　立法院立法委員依左列規定選出之，不受憲法第六十四條之限制：

一　自由地區每省、直轄市各二人，但其人口逾二十萬人者，每增加十萬人增一人；逾一百萬人者，每增加二十萬人增一人。

二　自由地區平地山胞及山地山胞各三人。

三　僑居國外國民六人。

四　全國不分區三十人。

前項第一款每省、直轄市選出之名額及第三款、第四款各政黨當選之名額，在五人以上十人以下者，應有婦女當選名額一人，超過十人者，每滿十人應增婦女當選名額一人。

第三條　監察院監察委員由省、市議會依左列規定選出之，不受憲法第九十一條之限制：

一　自由地區臺灣省二十五人。

二　自由地區每直轄市各十人。

三　僑居國外國民二人。

四　全國不分區五人。

前項第一款臺灣省、第二款每直轄市選出之名額及

第四款

各政黨當選之名額,在五人以上十人以下者,應有婦女當

選名額一人,超過十人者,每滿十人應增加婦女當選名額一人。

省議員當選為監察委員者,以二人為限;市議員當選為監察委員者,各以一人為限。

第四條　國民大會代表、立法院立法委員、監察院監察委員之選舉罷免,依公職人員選舉罷免法之規定辦理之。僑居國外國民及全國不分區名額,採政黨比例方式選出之。

第五條　國民大會第二屆國民大會代表應於中華民國八十年十二月三十一日前選出,其任期自中華民國八十一年一月一日起至中華民國八十五年國民大會第三屆於第八任總統任滿前依憲法第二十九條規定集會之日止,不受憲法第二十八條第一項之限制。

依動員戡亂時期臨時條款增加名額選出之國民大會代表,於中華民國八十二年一月三十一日前,與國民大會第二屆國民大會代表共同行使職權。

立法院第二屆立法委員及監察院第二屆監察委員應於中華民國八十二年一月三十一日前選出,均自中

華民國八十二年二月一日開始行使職權。

第六條　國民大會為行使憲法第二十七條第一項第三款之職權，應於第二屆國民大會代表選出後三個月內由總統召集臨會。

第七條　總統為避免國家或人民遭遇緊急危難或應付財政經濟上重大變故，得經行政院會議之決議發布緊急命令，為必要之處置，不受憲法第四十三條之限制。但須於發布命令後十日內提交立法院追認，如立法院不同意時，該緊急命令立即失效。

第八條　動員戡亂時期終止時，原僅適用於動員戡亂時期之法律，其修訂未完成程序者，得繼續適用至中華民國八十一年七月三十一日止。

第九條　總統為決定國家安全有關大政方針，得設國家安全會議及所屬國家安全局。

行政院得設人事行政局。

前二項機關之組織均以法律定之，在未完成立法程序前，其原有組織法規得繼續適用至中華民國八十二年十二月三十一日止。

第十條　自由地區與大陸地區間人民權利義務關係及其他事務之處理，得以法律為特別之規定。

第二次憲法增修條文

民國 80 年 5 月 28 日總統公布

第十一條　國民大會之職權，除依憲法第二十七條之規定外，並依增修條文第十三條第一項、第十四條第二項及第十五條第二項之規定，對總統提名之人員行使同意權。

前項同意權之行使，由總統召集國民大會臨時會為之，不受憲法第三十條之限制。

國民大會集會時，得聽取總統國情報告，並檢討國是，提供建言；如一年內未集會，由總統召集臨時會為之，不受憲法第三十條之限制。

國民大會代表自第三屆國民大會代表起，每四年改選一次，不適用憲法第二十八條第一項之規定。

第十二條　總統、副總統由中華民國自由地區全體人民選舉之，自中華民國八十五年第九任總統、副總統選舉實施。

前項選舉之方式，由總統於中華民國八十四年五月二十日前召集國民大會臨時會，以憲法增修條文定之。

總統、副總統之任期，自第九任總統、副總統起為四年，連選得連任一次，不適用憲法第四十七條之規定。

總統、副總統之罷免，依左列規定：

一　由國民大會代表提出之罷免案，經代表總額四分之一之提議，代表總額三分之二之同意，即為通過。

二　由監察院提出之彈劾案，國民大會為罷免之決議時，經代表總額三分之二之同意，即為通過。

副總統缺位時，由總統於三個月內提名候選人，召集國民大會臨時會補選，繼任至原任期屆滿為止。

總統、副總統均缺位時，由立法院院長於三個月內通告國民大會臨時會集會補選總統、副總統，

繼任至原任期屆滿為止。

第十三條　司法院設院長、副院長各一人，大法官若干人，由總統提名，經國民大會同意任命之，不適用憲法第七十九條之有關規定。

司法院大法官，除依憲法第七十八條之規定外，並組成憲法法庭審理政黨違憲之解散事項。

政黨之目的或其行為，危害中華民國之存在或自由民主之憲政秩序者為違憲。

第十四條　考試院為國家最高考試機關，掌理左列事項，不適用憲法第八十三條之規定：

一　考試。

二　公務人員之銓敘、保障、撫卹、退休。

三　公務人員任免、考績、級俸、陞遷、褒獎之法制事項。

考試院設院長、副院長各一人，考試委員若干人，由總統提名，經國民大會同意任命之，不適用憲法第八十四條之規定。

憲法第八十五條有關按省區分別規定名額，分區舉行考試之規定，停止適用。

第十五條　監察院為國家最高監察機關，行使彈劾、糾舉及審計權，不適用憲法第九十條及第九十四條有關

同意權之規定。

監察院設監察委員二十九人，並以其中一人為院長、一人為副院長，任期六年，由總統提名，經國民大會同意任命之。憲法第九十一條至第九十三條、增修條文第三條，及第四條、第五條第三項有關監察委員之規定，停止適用。

監察院對於中央、地方公務人員及司法院、考試院人員之彈劾案，須經監察委員二人以上之提議，九人以上之審查及決定，始得提出，不受憲法第九十八條之限制。

監察院對於監察院人員失職或違法之彈劾，適用憲法第九十五條、第九十七條第二項及前項之規定。

監察院對於總統、副總統之彈劾案，須經全體監察委員過半數之提議，全體監察委員三分之二以上之決議，向國民大會提出，不受憲法第一百條之限制。

監察委員須超出黨派以外，依據法律獨立行使職權。

憲法第一百零一條及第一百零二條之規定，停止適用。

第十六條　增修條文第十五條第二項之規定，自提名第二屆
監察委員時施行。

第二屆監察委員於中華民國八十二年二月一日就
職，增修條文第十五條第一項及第三項至第七項
之規定，亦自同日施行。

增修條文第十三條第一項及第十四條第二項有關
司法院、考試院人員任命之規定，自中華民國八
十二年二月一日施行。中華民國八十二年一月三
十一日前之提名，仍由監察院同意任命，但現任
人員任期未滿前，無須重新提名任命。

第十七條　省、縣地方制度，應包含左列各款，以法律定
之，不受憲法第一百零八條第一項第一款、第一
百十二條至第一百十五條及第一百二十二條之限
制：

一　省設省議會，縣設縣議會，省議會議員、縣
議會議員分別由省民、縣民選舉之。

二　屬於省、縣之立法權，由省議會、縣議會分
別行之。

三　省設省政府，置省長一人，縣設縣政府，置
縣長一人，省長、縣長分別由省民、縣民選
舉之。

四　省與縣之關係。

五　省自治之監督機關為行政院，縣自治之監督
　　機關為省政府。

第十八條　國家應獎勵科學技術發展及投資，促進產業升
　　級，推動農漁業現代化，重視水資源之開發利
　　用，加強國際經濟合作。

經濟及科學技術發展，應與環境及生態保護兼籌
並顧。

國家應推行全民健康保險，並促進現代和傳統醫
藥之研究發展。

國家應維護婦女之人格尊嚴，保障婦女之人身安
全，消除性別歧視，促進兩性地位之實質平等。

國家對於殘障者之保險與就醫、教育訓練與就業
輔導、生活維護與救濟，應予保障，並扶助其自
立與發展。

國家對於自由地區山胞之地位及政治參與，應予
保障；對其教育文化、社會福利及經濟事業，應
予扶助並促其發展。對於金門、馬祖地區人民亦
同。

國家對於僑居國外國民之政治參與，應予保障。

附錄四

第三次憲法增修條文

（民國 81 年 5 月 28 日總統公布之原增修條文第一條
至第十八條修訂為第一條至第十條）
民國 83 年 8 月 1 日總統公布

　　為因應國家統一前之需要，依照憲法第二十七條第一項第三款及第一百七十四條第一款之規定，增修本憲法條文如左：

第一條　國民大會代表依左列規定選出之，不受憲法第二十六條及第一百三十五條之限制：

一　自由地區每直轄市、縣市各二人，但其人口逾十萬人者，每增加十萬人增一人。

二　自由地區平地原住民及山地原住民各三人。

三　僑居國外國民二十人。

四　全國不分區八十人。

前項第三款及第四款之名額，採政黨比例方式選出

之。第一款每直轄市、縣市選出之名額及第三款、第四款各政黨當選之名額，在五人以上十人以下者，應有婦女當選名額一人，超過十人者，每滿十人應增婦女當選名額一人。

國民大會之職權如左，不適用憲法第二十七條第一項第一款、第二款之規定：

一　依增修條文第二條第七項之規定，補選副總統。

二　依增修條文第二條第九項之規定，提出總統、副總統罷免案。

三　依增修條文第二條第十項之規定，議決監察院提出之總統、副總統彈劾案。

四　依憲法第二十七條第一項第三款及第一百七十四條第一款之規定，修改憲法。

五　依憲法第二十七條第一項第四款及第一百七十四條第二款之規定，複決立法院所提之憲法修正案。

六　依增修條文第四條第一項、第五條第二項、第六條第二項之規定，對總統提名任命之人員，行使同意權。

國民大會依前項第一款及第四款至第六款規定集

會，或有國民大會代表五分之二以上請求召集會議時，由總統召集之；依前項第二款及第三款之規定集會時，由國民大會議長通告集會，國民大會設議長前，由立法院院長通告集會，不適用憲法第二十九條及三十條之規定。

國民大會集會時，得聽取總統國情報告，並檢討國是，提供建言；如一年內未集會，由總統召集會議為之，不受憲法第三十條之限制。

國民大會代表自第三屆國民大會代表起，每四年改選一次，不適用憲法第二十八條第一項之規定。

國民大會第二屆國民大會代表任期至中華民國八十五年五月十九日止，第三屆國民大會代表任期自中華民國八十五年五月二十日開始，不適用憲法第二十八條第二項之規定。

國民大會自第三屆國民大會起設議長、副議長各一人，由國民大會代表互選之。議長對外代表國民大會，並於開會時主持會議。

國民大會行使職權之程序，由國民大會定之，不適用憲法第三十四條之規定。

第二條　總統、副總統由中華民國自由地區全體人民直接選舉之，自中華民國八十五年第九任總統、副總統選

舉實施。總統、副總統候選人應聯名登記，在選票上同列一組圈選，以得票最多之一組為當選。在國外之中華民國自由地區人民返國行使選舉權，以法律定之。

總統發布依憲法經國民大會或立法院同意任命人員之任免命令，無須行政院院長之副署，不適用憲法第三十七條之規定。

行政院院長之免職命令，須新提名之行政院院長經立法院同意後生效。

總統為避免國家或人民遭遇緊急危難或應付財政經濟上重大變故，得經行政院會議之決議發布緊急命令，為必要之處置，不受憲法第四十三條之限制。但須於發布命令後十日內提交立法院追認，如立法院不同意時，該緊急命令立即失效。

總統為決定國家安全有關大政方針，得設國家安全會議及所屬國家安全局，其組織以法律定之。

總統、副總統之任期，自第九任總統、副總統起為四年，連選得連任一次，不適用憲法第四十七條之規定。

副總統缺位時，由總統於三個月內提名候選人，召集國民大會補選，繼任至原任期居滿為止。

總統、副總統均缺位時，由行政院院長代行其職權，並依本條第一項規定補選總統、副總統，繼任至原任期屆滿為止，不適用憲法第四十九條之有關規定。

總統、副總統之罷免案，須經國民大會代表總額四分之一之提議，三分之二之同意後提出，並經中華民國自由地區選舉人總額過半數之投票，有效票過半數同意罷免時，即為通過。

監察院向國民大會提出之總統、副總統彈劾案，經國民大會代表總額三分之二同意時，被彈劾人應即解職。

第三條　立法院立法委員依左列規定選出之，不受憲法第六十四條之限制：

一　自由地區每省、直轄市各二人，但其人口逾二十萬人者，每增加十萬人增一人；逾一百萬人者，每增加二十萬人增一人。

二　自由地區平地原住民及山地原住民各三人。

三　僑居國外國民六人。

四　全國不分區三十人。

前項第三款、第四款名額，採政黨比例方式選出之。第一款每省、直轄市選出之名額及第三款、第

四款各政黨當選之名額，在五人以上十人以下者，應有婦女當選名額一人，超過十人者，每滿十人應增婦女當選名額一人。

第四條　司法院設院長、副院長各一人，大法官若干人，由總統提名，經國民大會同意任命之，不適用憲法第七十九條之有關規定。

司法院大法官，除依憲法第七十八條之規定外，並組成憲法法庭審理政黨違憲之解散事項。

政黨之目的或其行為，危害中華民國之存在或自由民主之憲政秩序者為違憲。

第五條　考試院為國家最高考試機關，掌理左列事項，不適用憲法第八十三條之規定：

一　考試。

二　公務人員之銓敘、保障、撫卹、退休。

三　公務人員任免、考績、級俸、陞遷、褒獎之法制事項。

考試院設院長、副院長各一人，考試委員若干人，由總統提名，經國民大會同意任命之，不適用憲法第八十四條之規定。

憲法第八十五條有關按省區分別規定名額，分區舉行考試之規定，停止適用。

第六條　監察院為國家最高監察機關，行使彈劾、糾舉及審
　　　　計權，不適用憲法第九十條及第九十四條有關同意
　　　　權之規定。

　　　　監察院設監察委員二十九人，並以其中一人為院
　　　　長、一人為副院長，任期六年，由總統提名，經國
　　　　民大會同意任命之。憲法第九十一條至第九十三條
　　　　之規定停止適用。

　　　　監察院對於中央、地方公務人員及司法院、考試院
　　　　人員之彈劾案，須經監察委員二人以上之提議，九
　　　　人以上之審查及決定，始得提出，不受憲法第九十
　　　　八條之限制。

　　　　監察院對於監察院人員失職或違法之彈劾，適用憲
　　　　法第九十五條、第九十七條第二項及前項之規定。

　　　　監察院對於總統、副總統之彈劾案，須經全體監察
　　　　委員過半數之提議，全體監察委員三分之二以上之
　　　　決議，向國民大會提出，不受憲法第一百條之限
　　　　制。

　　　　監察委員須超出黨派以外，依據法律獨立行使職
　　　　權。

　　　　憲法第一百零一條及第一百零二條之規定，停止
　　　　適用。

第七條　國民大會代表及立法委員之報酬或待遇，應以法律定之。除年度通案調整者外，單獨增加報酬或待遇之規定，應自次屆起實施。

第八條　省、縣地方制度，應包含左列各款，以法律定之，不受憲法第一百零八條第一項第一款、第一百十二條至第一百十五條及第一百二十二條之限制：

一　省設省議會，縣設縣議會，省議會議員、縣議會議員分別由省民、縣民選舉之。

二　屬於省、縣之立法權，由省議會、縣議會分別行之。

三　省設省政府，置省長一人，縣設縣政府，置縣長一人，省長、縣長分別由省民、縣民選舉之。

四　省與縣之關係。

五　省自治之監督機關為行政院，縣自治之監督機關為省政府。

第九條　國家應獎勵科學技術發展及投資，促進產業升級，推動農漁業現代化，重視水資源之開發利用，加強國際經濟合作。

經濟及科學技術發展，應與環境及生態保護兼籌並顧。

國家對於公營金融機構之管理，應本企業化經營之原則；其管理、人事、預算、決算及審計，得以法律為特別之規定。

國家應推行全民健康保險，並促進現代和傳統醫藥之研究發展。

國家應維護婦女之人格尊嚴，保障婦女之人身安全，消除性別歧視，促進兩性地位之實質平等。

國家對於殘障者之保險與就醫、教育訓練與就業輔導、生活維護與救濟，應予保障，並扶助其自立與發展。

國家對於自由地區原住民之地位及政治參與，應予保障；對其教育文化、社會福利及經濟事業，應予扶助並促其發展。對於金門、馬祖地區人民亦同。

國家對於僑居國外國民之政治參與，應予保障。

第十條　自由地區與大陸地區間人民權利義務關係及其他事務之處理，得以法律為特別之規定。

附錄五

第四次憲法增修條文

民國 80 年 5 月 1 日總統令制定公布第 1-10 條條文
民國 81 年 5 月 28 日總統令增訂公布第 11－18 條條文
民國 83 年 8 月 1 日總統令修正公布第 1-10 條條文
民國 86 年 7 月 21 日總統令修正公布第 1-11 條條文

為因應國家統一前之需要，依照憲法第二十七條第一項第三款及第一百七十四條第一款之規定，增修本憲法條文如左：

第一條　國民大會代表依左列規定選出之，不受憲法第二十六條及第一百三十五條之限制：

一　自由地區每直轄市、縣市各二人，但其人口逾十萬人者，每增加十萬人增一人。

二　自由地區平地原住民及山地原住民各三人。

三　僑居國外國民二十人。

四　全國不分區八十人。

前項第一款每直轄市、縣市選出之名額，在五人以上十人以下者，應有婦女當選名額一人，超過十人者，每滿十人，應增婦女當選名額一人。第三款及第四款之名額，採政黨比例方式選出之，各政黨當選之名額，每滿四人，應有婦女當選名額一人。

國民大會之職權如左，不適用憲法第二十七條第一項第一款、第二款之規定：

一　依增修條文第二條第七項之規定，補選副總統。

二　依增修條文第二條第九項之規定，提出總統、副總統罷免案。

三　依增修條文第二條第十項之規定，議決立法院提出之總統、副總統彈劾案。

四　依憲法第二十七條第一項第三款及第一百七十四條第一款之規定，修改憲法。

五　依憲法第二十七條第一項第四款及第一百七十四條第二款之規定，複決立法院所提之憲法修正案。

六　依增修條文第五條第一項、第六條第二項、第七條第二項之規定，對總統提名任命之人員，行使同意權。

國民大會依前項第一款及第四款至第六款規定集會，或有國民大會代表五分之二以上請求召集會議時，由總統召集之；依前項第二款及第三款之規定集會時，由國民大會議長通告集會，不適用憲法第二十九條及第三十條之規定。

國民大會集會時，得聽取總統國情報告，並檢討國是，提供建言；如一年內未集會，由總統召集會議為之，不受憲法第三十條之限制。

國民大會代表每四年改選一次，不適用憲法第二十八條第一項之規定。

國民大會設議長、副議長各一人，由國民大會代表互選之。議長對外代表國民大會，並於開會時主持會議。

國民大會行使職權之程序，由國民大會定之，不適用憲法第三十四條之規定。

第二條　總統、副總統由中華民國自由地區全體人民直接選舉之，自中華民國八十五年第九任總統、副總統選舉實施。總統、副總統候選人應聯名登記，在選票上同列一組圈選，以得票最多之一組為當選。在國外之中華民國自由地區人民返國行使選舉權，以法律定之。

總統發布行政院院長與依憲法經國民大會或立法院同意任命人員之任免命令及解散立法院之命令，無須行政院院長之副署，不適用憲法第三十七條之規定。

總統為避免國家或人民遭遇緊急危難或應付財政經濟上重大變故，得經行政院會議之決議發布緊急命令，為必要之處置，不受憲法第四十三條之限制。但須於發布命令後十日內提交立法院追認，如立法院不同意時，該緊急命令立即失效。

總統為決定國家安全有關大政方針，得設國家安全會議及所屬國家安全局，其組織以法律定之。

總統於立法院通過對行政院院長之不信任案後十日內，經諮詢立法院院長後，得宣告解散立法院。但總統於戒嚴或緊急命令生效期間，不得解散立法院。立法院解散後，應於六十日內舉行立法委員選舉，並於選舉結果確認後十日內自行集會，其任期重新起算。

總統、副總統之任期為四年，連選得連任一次，不適用憲法第四十七條之規定。

副總統缺位時，由總統於三個月內提名候選人，召集國民大會補選，繼任至原任期屆滿為止。

總統、副總統均缺位時，由行政院院長代行其職權，並依本條第一項規定補選總統、副總統，繼任至原任期屆滿為止，不適用憲法第四十九條之有關規定。

總統、副總統之罷免案，須經國民大會代表總額四分之一之提議，三分之二之同意後提出，並經中華民國自由地區選舉人總額過半數之投票，有效票過半數同意罷免時，即為通過。

立法院向國民大會提出之總統、副總統彈劾案，經國民大會代表總額三分之二同意時，被彈劾人應即解職。

第三條　行政院院長由總統任命之。行政院院長辭職或出缺時，在總統未任命行政院院長前，由行政院副院長暫行代理。憲法第五十五條之規定，停止適用。

行政院依左列規定，對立法院負責，憲法第五十七條之規定，停止適用：

一　行政院有向立法院提出施政方針及施政報告之責。立法委員在開會時，有向行政院院長及行政院各部會首長質詢之權。

二　行政院對於立法院決議之法律案、預算案、條約案，如認為有窒礙難行時，得經總統之核

可，於該決議案送達行政院十日內，移請立法
院覆議。立法院對於行政院移請覆議案，應於
送達十五日內作成決議。如為休會期間，立法
院應於七日內自行集會，並於開議十五日內作
成決議。覆議案逾期未議決者，原決議失效。
覆議時，如經全體立法委員二分之一以上決議
維持原案，行政院院長應即接受該決議。

三　立法院得經全體立法委員三分之一以上連署，
　　對行政院院長提出不信任案。不信任案提出七
　　十二小時後，應於四十八小時內以記名投票表
　　決之。如經全體立法委員二分之一以上贊成，
　　行政院院長應於十日內提出辭職，並得同時呈
　　請總統解散立法院；不信任案如未獲通過，一
　　年內不得對同一行政院院長再提不信任案。

國家機關之職權、設立程序及總員額，得以法律為
準則性之規定。

各機關之組織、編制及員額，應依前項法律，基於
政策或業務需要決定之。

第四條　立法院立法委員自第四屆起二百二十五人，依左列
　　　　規定選出之，不受憲法第六十四條之限制：

一　自由地區直轄市、縣市一百六十八人。每縣市

至少一人。

二　自由地區平地原住民及山地原住民各四人。

三　僑居國外國民八人。

四　全國不分區四十一人。

前項第三款、第四款名額，採政黨比例方式選出之。第一款每直轄市、縣市選出之名額及第三款、第四款各政黨當選之名額，在五人以上十人以下者，應有婦女當選名額一人，超過十人者，每滿十人應增婦女當選名額一人。

立法院經總統解散後，在新選出之立法委員就職前，視同休會。

總統於立法院解散後發布緊急命令，立法院應於三日內自行集會，並於開議七日內追認之。但於新任立法委員選舉投票日後發布者，應由新任立法委員於就職後追認之。如立法院不同意時，該緊急命令立即失效。

立法院對於總統、副總統犯內亂或外患罪之彈劾案，須經全體立法委員二分之一以上之提議，全體立法委員三分之二以上之決議，向國民大會提出，不適用憲法第九十條、第一百條及增修條文第七條第一項有關規定。

立法委員除現行犯外，在會期中，非經立法院許可，不得逮捕或拘禁。憲法第七十四條之規定，停止適用。

第五條　司法院設大法官十五人，並以其中一人為院長、一人為副院長，由總統提名，經國民大會同意任命之，自中華民國九十二年起實施，不適用憲法第七十九條之有關規定。

司法院大法官任期八年，不分屆次，個別計算，並不得連任。但並為院長、副院長之大法官，不受任期之保障。

中華民國九十二年總統提名之大法官，其中八位大法官，含院長、副院長，任期四年，其餘大法官任期為八年，不適用前項任期之規定。

司法院大法官，除依憲法第七十八條之規定外，並組成憲法法庭審理政黨違憲之解散事項。

政黨之目的或其行為，危害中華民國之存在或自由民主之憲政秩序者為違憲。

司法院所提出之年度司法概算，行政院不得刪減，但得加註意見，編入中央政府總預算案，送立法院審議。

第六條　考試院為國家最高考試機關，掌理左列事項，不適

用憲法第八十三條之規定：

一　考試。

二　公務人員之銓敘、保障、撫卹、退休。

三　公務人員任免、考績、級俸、陞遷、褒獎之法制事項。

考試院設院長、副院長各一人，考試委員若干人，由總統提名，經國民大會同意任命之，不適用憲法第八十四條之規定。

憲法第八十五條有關按省區分別規定名額，分區舉行考試之規定，停止適用。

第七條　監察院為國家最高監察機關，行使彈劾、糾舉及審計權，不適用憲法第九十條及第九十四條有關同意權之規定。

監察院設監察委員二十九人，並以其中一人為院長、一人為副院長，任期六年，由總統提名，經國民大會同意任命之。憲法第九十一條至第九十三條之規定停止適用。

監察院對於中央、地方公務人員及司法院、考試院人員之彈劾案，須經監察委員二人以上之提議，九人以上之審查及決定，始得提出，不受憲法第九十八條之限制。

監察院對於監察院人員失職或違法之彈劾，適用憲法第九十五條、第九十七條第二項及前項之規定。

監察委員須超出黨派以外，依據法律獨立行使職權。

憲法第一百零一條及第一百零二條之規定，停止適用。

第八條　國民大會代表及立法委員之報酬或待遇，應以法律定之。除年度通案調整者外，單獨增加報酬或待遇之規定，應自次屆起實施。

第九條　省、縣地方制度，應包括左列各款，以法律定之，不受憲法第一百零八條第一項第一款、第一百零九條、第一百十二條至第一百十五條及第一百二十二條之限制：

一　省設省政府，置委員九人，其中一人為主席，均由行政院院長提請總統任命之。

二　省設省諮議會，置省諮議會議員若干人，由行政院院長提請總統任命之。

三　縣設縣議會，縣議會議員由縣民選舉之。

四　屬於縣之立法權，由縣議會行之。

五　縣設縣政府，置縣長一人，由縣民選舉之。

六　中央與省、縣之關係。

七　省承行政院之命，監督縣自治事項。

第十屆台灣省議會議員及第一屆台灣省省長之任期至中華民國八十七年十二月二十日止，台灣省議會議員及台灣省省長之選舉自第十屆台灣省議會議員及第一屆台灣省省長任期之屆滿日起停止辦理。

台灣省議會議員及台灣省省長之選舉停止辦理後，台灣省政府之功能、業務與組織之調整，得以法律為特別之規定。

第十條　國家應獎勵科學技術發展及投資，促進產業升級，推動農漁業現代化，重視水資源之開發利用，加強國際經濟合作。

經濟及科學技術發展，應與環境及生態保護兼籌並顧。

國家對於人民興辦之中小型經濟事業，應扶助並保護其生存與發展。

國家對於公營金融機構之管理，應本企業化經營之原則；其管理、人事、預算、決算及審計，得以法律為特別之規定。

國家應推行全民健康保險，並促進現代和傳統醫藥之研究發展。

國家應維護婦女之人格尊嚴，保障婦女之人身安

全，消除性別歧視，促進兩性地位之實質平等。

國家對於身心障礙者之保險與就醫、無障礙環境之建構、教育訓練與就業輔導及生活維護與救助，應予保障，並扶助其自立與發展。

教育、科學、文化之經費，尤其國民教育之經費應優先編列，不受憲法第一百六十四條規定之限制。

國家肯定多元文化，並積極維護發展原住民族語言及文化。

國家應依民族意願，保障原住民族之地位及政治參與，並對其教育文化、交通水利、衛生醫療、經濟土地及社會福利事業予以保障扶助並促其發展，其辦法另以法律定之。對於金門、馬祖地區人民亦同。

國家對於僑居國外國民之政治參與，應予保障。

第十一條　自由地區與大陸地區間人民權利義務關係及其他事務之處理，得以法律為特別之規定。

附錄六

第五次憲法增修條文

民國 88 年 9 月 15 日總統公布

第一條　國民大會代表第四屆為三百人，依左列規定以比例代表方式選出之。並以立法委員選舉，各政黨所推薦及獨立參選之候選人得票數之比例分配當選名額，不受憲法第二十六條及第一百三十五條之限制。比例代表之選舉方法以法律定之。

一　自由地區直轄市、縣市一百九十四人，每縣市至少當選一人。

二　自由地區原住民六人。

三　僑居國外國民十八人。

四　全國不分區八十二人。

國民大會代表自第五屆起為一百五十人，依左列規定以比例代表方式選出之。並以立法委員選舉，各

政黨所推薦及獨立參選之候選人得票數之比例分配當選名額,不受憲法第二十六條及第一百三十五條之限制。比例代表之選舉方法以法律定之。

一　自由地區直轄市、縣市一百人,每縣市至少當選一人。

二　自由地區原住民四人。

三　僑居國外國民六人。

四　全國不分區四十人。

國民大會代表之任期為四年,但於任期中遇立法委員改選時同時改選,連選得連任。

第三屆國民大會代表任期至第四屆立法委員任期屆滿之日止,不適用憲法第二十八條第一項之規定。

第一項及第二項之第一款各政黨當選之名額,在五人以上十人以下者,應有婦女當選名額一人。第三款及第四款各政黨當選之名額,每滿四人,應有婦女當選名額一人。

國民大會之職權如左,不適用憲法第二十七條第一項第一款、第二款之規定:

一　依增修條文第二條第七項之規定,補選副總統。

二　依增修條文第二條第九項之規定,提出總統、

副總統罷免案。

三　依增修條文第二條第十項之規定，議決立法院
　　提出之總統、副總統彈劾案。

四　依憲法第二十七條第一項第三款及第一百七十
　　四條第一款之規定，修改憲法。

五　依憲法第二十七條第一項第四款及第一百七十
　　四條第二款之規定，複決立法院所提之憲法修
　　正案。

六　依增修條文第五條第一項、第六條第二項、第
　　七條第二項之規定，對總統提名任命之人員，
　　行使同意權。

國民大會依前項第一款及第四款至第六款規定集
會，或有國民大會代表五分之二以上請求召集會議
時，由總統召集之；依前項第二款及第三款之規定
集會時，由國民大會議長通告集會，不適用憲法第
二十九條及第三十條之規定。

國民大會集會時，得聽取總統國情報告，並檢討國
是，提供建言；如一年內未集會，由總統召集會議
為之，不受憲法第三十條之限制。

國民大會設議長、副議長各一人，由國民大會代表
互選之。議長對外代表國民大會，並於開會時主持

會議。

國民大會行使職權之程序，由國民大會定之，不適用憲法第三十四條之規定。

第四條　立法院立法委員自第四屆起二百二十五人，依左列規定選出之，不受憲法第六十四條之限制：

一　自由地區直轄市、縣市一百六十八人。每縣市至少一人。

二　自由地區平地原住民及山地原住民各四人。

三　僑居國外國民八人。

四　全國不分區四十一人。

前項第三款、第四款名額，採政黨比例方式選出之。第一款每直轄市、縣市選出之名額及第三款、第四款各政黨當選之名額，在五人以上十人以下者，應有婦女當選名額一人，超過十人者，每滿十人應增婦女當選名額一人。

第四屆立法委員任期至中華民國九十一年六月三十日止。第五屆立法委員任期自中華民國九十一年七月一日起為四年，連選得連任，其選舉應於每屆任滿前或解散後六十日內完成之，不適用憲法第六十五條之規定。

立法院經總統解散後，在新選出之立法委員就職

前，視同休會。

總統於立法院解散後發布緊急命令，立法院應於三日內自行集會，並於開議七日內追認之。但於新任立法委員選舉投票日後發布者，應由新任立法委員於就職後追認之。如立法院不同意時，該緊急命令立即失效。

立法院對於總統、副總統犯內亂或外患罪之彈劾案，須經全體立法委員二分之一以上之提議，全體立法委員三分之二以上之決議，向國民大會提出，不適用憲法第九十條、第一百條及增修條文第七條第一項有關規定。

立法委員除現行犯外，在會期中，非經立法院許可，不得逮捕或拘禁。憲法第七十四條之規定，停止適用。

第九條　省、縣地方制度，應包括左列各款，以法律定之，不受憲法第一百零八條第一項第一款、第一百零九條、第一百十二條至第一百十五條及第一百二十二條之限制：

一　省設省政府，置委員九人，其中一人為主席，均由行政院院長提請總統任命之。

二　省設省諮議會，置省諮議會議員若干人，由行

政院院長提請總統任命之。

三　縣設縣議會，縣議會議員由縣民選舉之。

四　屬於縣之立法權，由縣議會行之。

五　縣設縣政府，置縣長一人，由縣民選舉之。

六　中央與省、縣之關係。

七　省承行政院之命，監督縣自治事項。

台灣省政府之功能、業務與組織之調整，得以法律為特別之規定。

第十條　國家應獎勵科學技術發展及投資，促進產業升級，推動農漁業現代化，重視水資源之開發利用，加強國際經濟合作。

經濟及科學技術發展，應與環境及生態保護兼籌並顧。

國家對於人民興辦之中小型經濟事業，應扶助並保護其生存與發展。

國家對於公營金融機構之管理，應本企業化經營之原則；其管理、人事、預算、決算及審計，得以法律為特別之規定。

國家應推行全民健康保險，並促進現代和傳統醫藥之研究發展。

國家應維護婦女之人格尊嚴，保障婦女之人身安

全，消除性別歧視，促進兩性地位之實質平等。

國家對於身心障礙者之保險與就醫、無障礙環境之建構、教育訓練與就業輔導及生活維護與救助，應予保障，並扶助其自立與發展。

國家應重視社會救助、福利服務、國民就業、社會保險及醫療保健等社會福利工作；對於社會救助和國民就業等救濟性支出應優先編列。

國家應尊重軍人對社會之貢獻，並對其退役後之就學、就業、就醫、就養予以保障。

教育、科學、文化之經費，尤其國民教育之經費應優先編列，不受憲法第一百六十四條規定之限制。

國家肯定多元文化，並積極維護發展原住民族語言及文化。

國家應依民族意願，保障原住民族之地位及政治參與，並對其教育文化、交通水利、衛生醫療、經濟土地及社會福利事業予以保障扶助並促其發展，其辦法另以法律定之。對於澎湖、金門、馬祖地區人民亦同。

國家對於僑居國外國民之政治參與，應予保障。

附錄七

第六次憲法增修條文

民國 89 年 04 月 25 日總統公布

　　為因應國家統一前之需要，依照憲法第二十七條第一項第三款及第一百七十四條第一款之規定，增修本憲法條文如左：

第一條　國民大會代表三百人，於立法院提出憲法修正案、領土變更案，經公告半年，或提出總統、副總統彈劾案時，應於三個月內採比例代表制選出之，不受憲法第二十六條、第二十八條及第一百三十五條之限制。比例代表制之選舉方式以法律定之。

　　　　國民大會之職權如左，不適用憲法第四條、第二十七條第一項第一款至第三款及第二項、第一百七十四條第一款之規定：

　　　一　依憲法第二十七條第一項第四款及第一百七十

四條第二款之規定，複決立法院所提之憲法修正案。

二　依增修條文第四條第五項之規定，複決立法院所提之領土變更案。

三　依增修條文第二條第十項之規定，議決立法院提出之總統、副總統彈劾案。國民大會代表於選舉結果確認後十日內自行集會，國民大會集會以一個月為限，不適用憲法第二十九條及第三十條之規定。

國民大會代表任期與集會期間相同，憲法第二十八條之規定停止適用。第三屆國民大會代表任期至中華民國八十九年五月十九日止。國民大會職權調整後，國民大會組織法應於二年內配合修正。

第二條　總統、副總統由中華民國自由地區全體人民直接選舉之，自中華民國八十五年第九任總統、副總統選舉實施。總統、副總統候選人應聯名登記，在選票上同列一組圈選，以得票最多之一組為當選。在國外之中華民國自由地區人民返國行使選舉權，以法律定之。

總統發布行政院院長與依憲法經立法院同意任命人員之任免命令及解散立法院之命令，無須行政院院

長之副署，不適用憲法第三十七條之規定。

總統為避免國家或人民遭遇緊急危難或應付財政經濟上重大變故，得經行政院會議之決議發布緊急命令，為必要之處置，不受憲法第四十三條之限制。但須於發布命令後十日內提交立法院追認，如立法院不同意時，該緊急命令立即失效。

總統為決定國家安全有關大政方針，得設國家安全會議及所屬國家安全局，其組織以法律定之。

總統於立法院通過對行政院院長之不信任案後十日內，經諮詢立法院院長後，得宣告解散立法院。但總統於戒嚴或緊急命令生效期間，不得解散立法院。立法院解散後，應於六十日內舉行立法委員選舉，並於選舉結果確認後十日內自行集會，其任期重新起算。

總統、副總統之任期為四年，連選得連任一次，不適用憲法第四十七條之規定。

副總統缺位時，總統應於三個月內提名候選人，由立法院補選，繼任至原任期居滿為止。

總統、副總統均缺位時，由行政院院長代行其職權，並依本條第一項規定補選總統、副總統，繼任至原任期居滿為止，不適用憲法第四十九條之有關

規定。

總統、副總統之罷免案，須經全體立法委員四分之一之提議，全體立法委員三分之二之同意後提出，並經中華民國自由地區選舉人總額過半數之投票，有效票過半數同意罷免時，即為通過。

立法院向國民大會提出之總統、副總統彈劾案，經國民大會代表總額三分之二同意時，被彈劾人應即解職。

第三條　行政院院長由總統任命之。行政院院長辭職或出缺時，在總統未任命行政院院長前，由行政院副院長暫行代理。憲法第五十五條之規定，停止適用。

行政院依左列規定，對立法院負責，憲法第五十七條之規定，停止適用：

一　行政院有向立法院提出施政方針及施政報告之責。立法委員在開會時，有向行政院院長及行政院各部會首長質詢之權。

二　行政院對於立法院決議之法律案、預算案、條約案，如認為有窒礙難行時，得經總統之核可，於該決議案送達行政院十日內，移請立法院覆議。立法院對於行政院移請覆議案，應於送達十五日內作成決議。如為休會期間，立法

院應於七日內自行集會，並於開議十五日內作成決議。覆議案逾期未議決者，原決議失效。覆議時，如經全體立法委員二分之一以上決議維持原案，行政院院長應即接受該決議。

三　立法院得經全體立法委員三分之一以上連署，對行政院院長提出不信任案。不信任案提出七十二小時後，應於四十八小時內以記名投票表決之。如經全體立法委員二分之一以上贊成，行政院院長應於十日內提出辭職，並得同時呈請總統解散立法院；不信任案如未獲通過，一年內不得對同一行政院院長再提不信任案。

國家機關之職權、設立程序及總員額，得以法律為準則性之規定。

各機關之組織、編制及員額，應依前項法律，基於政策或業務需要決定之。

第四條　立法院立法委員自第四屆起二百二十五人，依左列規定選出之，不受憲法第六十四條之限制：

一　自由地區直轄市、縣市一百六十八人。每縣市至少一人。

二　自由地區平地原住民及山地原住民各四人。

三　僑居國外國民八人。

四　全國不分區四十一人。

前項第三款、第四款名額，採政黨比例方式選出之。第一款每直轄市、縣市選出之名額及第三款、第四款各政黨當選之名額，在五人以上十人以下者，應有婦女當選名額一人，超過十人者，每滿十人應增婦女當選名額一人。

立法院於每年集會時，得聽取總統國情報告。

立法院經總統解散後，在新選出之立法委員就職前，視同休會。

中華民國領土，依其固有之疆域，非經全體立法委員四分之一之提議，全體立法委員四分之三之出席，及出席委員四分之三之決議，並提經國民大會代表總額三分之二之出席，出席代表四分之三之複決同意，不得變更之。

總統於立法院解散後發布緊急命令，立法院應於三日內自行集會，並於開議七日內追認之。但於新任立法委員選舉投票日後發布者，應由新任立法委員於就職後追認之。如立法院不同意時，該緊急命令立即失效。

立法院對於總統、副總統之彈劾案，須經全體立法委員二分之一以上之提議，全體立法委員三分之二

以上之決議，向國民大會提出，不適用憲法第九十條、第一百條及增修條文第七條第一項有關規定。立法委員除現行犯外，在會期中，非經立法院許可，不得逮捕或拘禁。憲法第七十四條之規定，停止適用。

第五條　司法院設大法官十五人，並以其中一人為院長、一人為副院長，由總統提名，經立法院同意任命之，自中華民國九十二年起實施，不適用憲法第七十九條之規定。司法院大法官除法官轉任者外，不適用憲法第八十一條及有關法官終身職待遇之規定。

司法院大法官任期八年，不分屆次，個別計算，並不得連任。但並為院長、副院長之大法官，不受任期之保障。

中華民國九十二年總統提名之大法官，其中八位大法官，含院長、副院長，任期四年，其餘大法官任期為八年，不適用前項任期之規定。

司法院大法官，除依憲法第七十八條之規定外，並組成憲法法庭審理政黨違憲之解散事項。政黨之目的或其行為，危害中華民國之存在或自由民主之憲政秩序者為違憲。

司法院所提出之年度司法概算，行政院不得刪減，

但得加註意見，編入中央政府總預算案，送立法院
審議。

第六條　考試院為國家最高考試機關，掌理左列事項，不適
用憲法第八十三條之規定：

一　考試。

二　公務人員之銓敘、保障、撫卹、退休。

三　公務人員任免、考績、級俸、陞遷、褒獎之法
制事項。

考試院設院長、副院長各一人，考試委員若干人，
由總統提名，經立法院同意任命之，不適用憲法第
八十四條之規定。

憲法第八十五條有關按省區分別規定名額，分區舉
行考試之規定，停止適用。

第七條　監察院為國家最高監察機關，行使彈劾、糾舉及審
計權，不適用憲法第九十條及第九十四條有關同意
權之規定。

監察院設監察委員二十九人，並以其中一人為院
長、一人為副院長，任期六年，由總統提名，經立
法院同意任命之。憲法第九十一條至第九十三條之
規定停止適用。

監察院對於中央、地方公務人員及司法院、考試院

人員之彈劾案，須經監察委員二人以上之提議，九人以上之審查及決定，始得提出，不受憲法第九十八條之限制。

監察院對於監察院人員失職或違法之彈劾，適用憲法第九十五條、第九十七條第二項及前項之規定。

監察委員須超出黨派以外，依據法律獨立行使職權。

憲法第一百零一條及第一百零二條之規定，停止適用。

第八條　立法委員之報酬或待遇，應以法律定之。除年度通案調整者外，單獨增加報酬或待遇之規定，應自次屆起實施。國民大會代表集會期間之費用，以法律定之。

第九條　省、縣地方制度，應包括左列各款，以法律定之，不受憲法第一百零八條第一項第一款、第一百零九條、第一百十二條至第一百十五條及第一百二十二條之限制：

一　省設省政府，置委員九人，其中一人為主席，均由行政院院長提請總統任命之。

二　省設省諮議會，置省諮議會議員若干人，由行政院院長提請總統任命之。

三　縣設縣議會，縣議會議員由縣民選舉之。

四　屬於縣之立法權，由縣議會行之。

五　縣設縣政府，置縣長一人，由縣民選舉之。

六　中央與省、縣之關係。

七　省承行政院之命，監督縣自治事項。台灣省
　　政府之功能、業務與組織之調整，得以法律為
　　特別之規定。

第十條　國家應獎勵科學技術發展及投資，促進產業升級，
　　　　推動農漁業現代化，重視水資源之開發利用，加強
　　　　國際經濟合作。

經濟及科學技術發展，應與環境及生態保護兼籌並
顧。

國家對於人民興辦之中小型經濟事業，應扶助並保
護其生存與發展。

國家對於公營金融機構之管理，應本企業化經營之
原則；其管理、人事、預算、決算及審計，得以法
律為特別之規定。

國家應推行全民健康保險，並促進現代和傳統醫藥
之研究發展。

國家應維護婦女之人格尊嚴，保障婦女之人身安
全，消除性別歧視，促進兩性地位之實質平等。

　　國家對於身心障礙者之保險與就醫、無障礙環境之
建構、教育訓練與就業輔導及生活維護與救助，應
予保障，並扶助其自立與發展。

　　國家應重視社會救助、福利服務、國民就業、社會
保險及醫療保健等社會福利工作，對於社會救助和
國民就業等救濟性支出應優先編列。

　　國家應尊重軍人對社會之貢獻，並對其退役後之就
學、就業、就醫、就養予以保障。教育、科學、文
化之經費，尤其國民教育之經費應優先編列，不受
憲法第一百六十四條規定之限制。

　　國家肯定多元文化，並積極維護發展原住民族語言
及文化。

　　國家應依民族意願，保障原住民族之地位及政治參
與，並對其教育文化、交通水利、衛生醫療、經濟
土地及社會福利事業予以保障扶助並促其發展，其
辦法另以法律定之。對於澎湖、金門及馬祖地區人
民亦同。

　　國家對於僑居國外國民之政治參與，應予保障。

第十一條　自由地區與大陸地區間人民權利義務關係及其他
　　　　　事務之處理，得以法律為特別之規定。

大事年表

75.04.09 國民黨成立「革新小組」，六月十二日蔣經國指示研究解除戒嚴和黨禁，調整中央民意機構等方案。

75.09.28 民進黨宣布成立。

75.10.15 國民黨中央通過解嚴及解除黨禁二項議案。民進黨建黨後第一次中央民意代表增補選：攻下十二席立委、十席國代。

76.07.07 立法院會無異議通過「台灣地區解嚴案」。

76.07.14 總統經國先生發布命令：宣告台灣地區自十五日零時起解嚴，國家安全法亦同時實施。

77.01.01 開放報禁，准許新報紙登記。

77.01.13 總統蔣經國逝世，副總統李登輝先生繼任中華民國第七屆總統。

77.01.27 國民黨中常會通過李登輝代理國民黨主席。

77.03.02 李登輝總統主持國家安全會議，會議通過第一屆資深中央民代自願退職條例。

77.05.20　農民請願遊行爆發流血衝突。

77.07.08　國民黨十三全會選舉李登輝為國民黨主席。

77.11.12　黃信介接任民進黨主席。

78.01.20　立法院三讀通過人民團體法，政黨取得合法地位。

78.05.22　行政院長俞國華辭職，李煥繼任。

78.09.27　許信良自大陸偷渡返台被捕並以叛亂罪被起訴，判刑十年。

78.12.02　台灣地區解嚴後首次選舉，民進黨當選六席縣長、二十一席立委。

79.02.11　國民黨臨中全會推舉李登輝李元簇為總統、副總統提名人。

79.03.16　台大學生進駐中正紀念堂發起學生靜坐抗議活動。

79.05.02　郝柏村任行政院長，陳履安任國防部長。

79.05.20　李登輝就任第八任總統，頒布特赦令──黨外黑名單解除。就職演說上宣布將終止動員戡亂時期。

79.05.20　許信良獲特赦出獄。

79.06.16　連戰接替邱創煥出任台灣省主席。

79.06.21　大法官會議作成釋字二六一號解釋：資深民意代

表八十年底前終止行使職權，並由政府適時辦理
全國性次屆中央民意代表選舉。

79.06.28　國是會議揭幕，共一百四十一人參加。

79.10　　　許信良成立「辦公室」，提出選舉路線，做為民
進黨邁向執政的策略。

79.12.25　李總統明確宣告將在八十年五月以前，終止動員
戡亂時期，並在八十一年年中完成憲政改革工
作。

79.12.26　中國國民黨中央憲政改革小組達成，一個機關
〈國民大會〉、兩個階段〈第一屆國代與第二屆
國代〉的重大修憲共識。

80.04.22　第一屆國民大會第二次臨時會三讀通過「中華民
國憲法增修條文」；並廢止「動員戡亂時期臨時
條款」，順利完成第一階段歷史性修憲任務。五
月一日由總統公佈。

80.07.16　立法院完成公職人員選舉罷免法修正，確立年底
第二屆國代選舉適用。

80.10　　　許信良當選民進黨第五屆黨主席。

80.12.16　資深中央民代全數退職。

80.12.21　第二屆國代選出共三百二十五位代表，國民黨二
百五十四人，民進黨六十六人，全國民主非政黨

聯盟三人、無黨籍二人。

81.02　國民黨內主流派與非主流派大戰公民直選和委任直選總統案。

以郝柏村主掌行政院兩年九個月。以郝柏村為主，贊成委任的非主流派，懷疑李登輝主導公民直選總統，是為自己參選鋪路。

81.12.19　第二屆主委選舉，一百六十一席，國民黨九十六席，民進黨獲32%得票率，當選五十席次，佔國會總席次三分之一。國民黨打出突顯李主席的文宣，仍然落敗，「李登輝牌」無法奏效。

82.01.30　上午國民大會臨時會閉幕式上，民進黨代表高舉「郝柏村下台」布條，包圍郝柏村，郝柏村在一人舉臂，高呼「中華民國萬歲、消滅台獨」口號的難堪場面後，當天中午，指示新聞局長胡志強，發佈辭職聲明。

82.02.23　連戰在立法院獲得一百零九張同意票，正式成為行政院長接替郝柏村。

82.02.23　許水德接替宋楚瑜出任國民黨秘書長。

82.02.26　宋楚瑜接替連戰任台灣省主席。

82.08.10　新國民黨連線成立新黨。

82.08.18　國民黨十四全會召開。

82.11.18　縣市長選舉正式登場，有人說李登輝這樣賣力，是為自己舖路。他不僅是縣市長的超級助選人，更是首屆總統直選的候選人。

82.11.24　許歷農宣布退出國民黨，加入新黨，並說要「找回中華民國」、「找回中國國民黨」。

82.11.27　縣市長揭曉，國民黨十三席、民進黨六席，無黨籍兩席。年底縣市長選舉，民進黨得票率41%，獲六席縣市長。李登輝是否爭取中國歷史上，第一位民選總統的疑問，從1990年他就任第八任總統後，就是台灣各界極感興趣的話題。

83.07.29　凌晨三時敲下中華民國憲政體制上歷史的關鍵一槌：完成總統全民直選等修憲大業。

83.12.03　宋楚瑜當選省長。

83.12.03　陳水扁當選台北市長。

83.12.03　吳敦義當選高雄市長。

84.02.28　二二八紀念碑落成，李登輝公開道歉。

84.06.07　李登輝赴美國康乃爾大學訪問（為期六天），並發表「民之所欲、長在我心」演說。

84.07.18　中共宣布在台海試射導彈。

84.08.23　國民黨十四全會第二次大會閉幕，李登輝宣佈參選第九任總統。

85.03.23　總統大選揭曉，李登輝當選首屆民選總統。

85.06.16　許信良當選第七屆黨主席。

85.11.14　北高兩市長選舉，馬英九當選台北市長，謝長廷當選高雄市長。

第四屆立委選舉，國民黨大勝。

85.12.23　李登輝召開國家發展會議，決議凍省。

86.01.21　宋楚瑜「請辭待命」銷假上班。

86.05.05　第三屆第二次國民大會開議，最後決議凍省。

86.06.05　副總統連戰兼任行政院長。

86.08.28　國民黨十五全會閉幕，蕭萬長接任連戰出任行政院長。

86.11.29　縣市長選舉，國民黨六席、民進黨十二席，民進黨得票率41%。

87.12.20　宋楚瑜省長任期屆滿，李登輝贈「諸法皆空」「自由自在」相勉。

88.07.09　李登輝接受德國之聲來訪，首度提出兩岸至少為特殊國與國關係的「兩國論」。

88.07.10　民進黨通過提名陳水扁為總統候選人。

88.07.16　宋楚瑜表態參選總統。

88.08.29　國民黨十五全大會二次會通過連戰、蕭萬長為正副總統參選人。

88.09.04　國大三讀通過國代延任案。

88.09.08　國民黨開除國大議長蘇南成黨籍。

88.09.21　九二一大地震。

90.04.25　國大三讀通過「任務型國民大會」。

90.07.28　國民黨第十六全會，確定連戰主席在國民黨的地位。

90.12.02　第五屆立法委員及縣市長選舉。

═參考書目═

- 李登輝的憲法變奏曲　黃年著　聯經出版事業公司，1998年1月初版。

- 台灣經驗—發展中的民主政治　高育仁著　二十一世紀基金會出版，民國七十八年十二月初版。

- 修憲與政治的解析　陳滄海著　幼獅文化事業公司，民國八十四年十二月初版。

- 修憲春秋　修憲過程與政黨政治發展的紀實　謝瑞智博士著　民國八十三年六月出版，民國八十五年五月增定三版。

- 許信良的政治世界　夏珍著　天下遠見出版股份有限公司，1998年7月8日第一版，1999年9月3日第二版第一次印行。

- 第三屆國民大會第二次會議實錄上下冊　國民大會秘書處編印出版，民國八十七年三月初版。

- 國家發展會議實錄上下輯　國家發展會議實錄編輯委員會（黃昆輝、趙宋博、黃大洲、陳錫蕃、黃正雄、林豐正、

江丙坤、張京育）

- 國家發展會議秘書處出版，民國八十六年五月初版。

- 第二屆國民大會第四次臨時會實錄　國民大會秘書處編印
  出版，民國八十三年十二月初版。

- 李登輝的一千天　周玉蔻著　麥田出版有限公司，民國八
  十二年一月出版一刷，民國八十三年三月一日初版三十六
  刷。

- 虎口的總統　李登輝與曾文惠　上板冬子著、駱文森、楊
  明珠譯，先覺出版股份有限公司 2001 年 6 月初版。

- 李登輝。一九九三　周玉蔻著、自版，民國八十三年元月
  初版、民國八十三年元月再版。

- 李登輝執政十年　周陽山主編　風雲論壇出版社有限公
  司，民國八十七年六月出版。

- 憲政改革與國民大會　李炳南著　月旦出版社股份有限公
  司，1994 年 6 月初版。

- 民國近百年憲政大事年表（1894-1991）　簡笙簧主編
  國史館印行，民國八十一年三月初版。

- 李登輝總統的最後一千天　黃年著　聯經出版事業公司，
  2000 年 5 月初版。

- 李登輝執政告白實錄　鄒景雯整理　印刷出版有限公司，
  2001 年 5 月初版。

- 第三屆國民大會第五次會議實錄　國民大會秘書處編著出版，民國八十九年十二月初版。

- 中華民國憲法　管歐著　三民書局股份有限公司出版，民國八十三年十月增訂初版，民國八十六年十月七次增訂初版。

- 不確定的憲政——第三階段憲政改革之研究　李炳南編著、自版 1998 年 8 月初版。

- 國是會議實錄上中下三冊　國是會議實錄編輯小組編，國是會議秘書處出版　民國七十九年十二月初版。

- 李登輝的前言與後語　許漢著　書華出版事業有限公司，1994 年五月初版。

- 台灣的主張　李登輝著　遠流出版事業股份有限公司，1999 年五月初版，1999 年 6 月 11 日三版。

- 選戰極短篇　張啟疆著　探索文化事業有限公司，1995 年 12 月初版。

- 台灣 2000 年總統大選風雲錄　許丹心著　業強出版社出版，1999 年十一月初版。

- 李登輝的心靈寫真錄　黃年著　聯經出版事業公司，1998 年一月初版。

- 重修台灣省通志　卷七、台灣省文獻委員會編印出版，民國八十年六月初版。

＝歷史寫真＝

記者嚴智徑／中山樓報導

昨晚 **許水德的菸　一根接一根**

看國代表現　如同看球賽提出「場邊評語」

在國民黨內素有「福將」之稱的國民黨中央委員會秘書長許水德，昨天臨危赴陽明山中山樓國大會場外督陣，在必須即早完成修憲工作，而黨內又有嚴重對峙的情況下，終於逢凶化吉，對於剛過完64歲生日的許水德而言，昨夜真是「最長的一夜」。

許水德昨晚10時許趕赴中山樓後，立即面對黨內主流、非主流國代僑民選舉權對立僵持的局面。

在協調無法獲得部分主流深藍國代同意下，許水德於今天凌晨1時面色凝重的離開協調會場，身旁有人向其輕聲道生日快樂，許水德則大聲的說：「那有快樂？」

國民黨於1時10分決定繼續開會後，剛與主流國代協商完的許水德，在秘書陪伴下，進入休息室「等待」結果，許水德眉頭深鎖，一根菸接著一根的抽著。

到了凌晨2時，會場內膠著的情況，終於使許水德離開休息室，轉赴黨團辦公室觀看會場的閉路電視，仍是一根菸接著一根，但在看到國代表現時，許水德也如觀球賽般，對「參賽者」提出場邊評語。

國代彭光政提出的折衷案，許水德頻頻表示嘉許，認為是「很好用」的意見；對於大會主席呂學樟主持會議的功力，也頗表滿

意；在看到國大工作會主任謝隆盛揮汗主導議事後，許水德更由衷的說：「謝隆盛今天最辛苦」。

但是在看到部分國代仍有其他意見時，許水德也頻問旁人，「這個人是誰」，對於一位曾受國民黨栽培，但已離黨者對議事的質疑，許水德頗不以為然，認為此人不夠意思，對無黨籍立委黃適卿的發言，許水德的評語則是：「他必須表態」，看到主流國代郭柏村發言態度軟化後，許水德

才異常的說，「有轉機了」。

在觀看條二、三邊表決時，許水德也與旁人一樣，屏息以待，在表決通過總統直選案後，許水德吐了口菸、臉上堆著笑說，「許終於鬆了口氣」。組工會主任徐德鑄在旁提醒許，是否要打電話給黨主席李登輝，許水德則表示，不要打擾主席，明早再說。

凌晨3時30分，許水德拖著疲累的身體離開中山樓，臉上仍堆著笑，與他上山時的凝重表情，判若兩人。

摘錄於83年7月29日聯合晚報

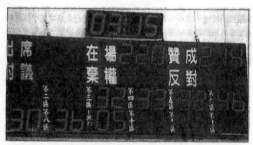

今天凌晨3時15分，國大臨會在蕭督謝隆盛指揮全場下，
以214票贊成；主席呂學樟於3時16分散下議事槌，完成修
第三讀。 記者曾吉松／攝影

摘錄於 83 年 7 月 29 日聯合晚報

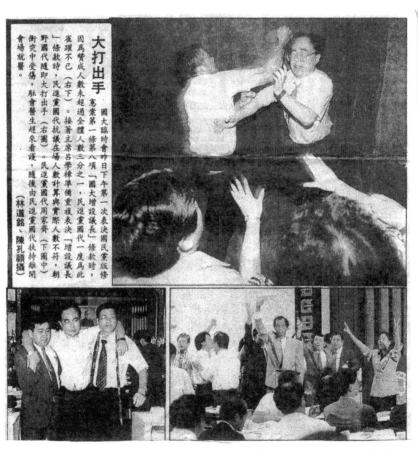

大打出手

國大臨時會昨日下午第一次表決國民黨版修憲案第一條第八項「國大增設議長」條款時，因為贊成人數未超過全體人數三分之一，民進黨國代一度為此雀躍不已（右下）。接著主席呂學樟準備重復表決「增設議長」條款時，民進黨國代抗議在場人數與實際人數不符，朝野國代隨即大打出手（右圖）。民進黨國代用家齊（下圖中）衝突中受傷，駐會醫生趕來看護，隨後由民進黨國代扶持離開會場就醫。

（林道銘、陳孔顯攝）

摘錄於 83 年 7 月 29 日中國時報

真扯

國民大會臨時會二十八日修憲二讀會表決國大設置議長修憲條文，第一
次表決未通過，國民黨國大黨團提出重行表決動議，民進黨不滿在場人數
問題，民進黨國代王兆釧（左）衝上主席台，扯下麥克風。

火攻

民進黨籍國代們對於主席將法定議事規則付
諸表決，群情激憤，甚至將議事規則燒了，撕
向主席呂學樟。（記者林聰勝台北拍攝）

摘錄於 83 年 7 月 29 日民眾日報

黨鞭指揮　衝鋒陷陣

國大臨時會昨天在人海肢體交戰的激烈衝突中，進行修憲案的二、三讀程序，國民黨國大黨機謝隆盛站在椅子上，以擴音器指揮黨籍國代堅守主席台，並發動密集表決（左圖，中央社）。而居於少數的民進黨國代則不斷攻向主席台，試圖阻止表決。（右圖，陳孔顯攝）

摘錄於 83 年 7 月 29 日中國時報

國民大會臨時會昨日凌晨在民進黨籍國代缺席下，完成修憲條文三讀，主席呂學樟（中）敲下議事鎚（上圖）；國民黨國大黨團黨政工作協調會主任謝隆盛感謝黨籍國代支持合作（下圖）。（中央社）

摘錄於 83 年 7 月 30 日新生報

分時落幕

三憲修成完，分五十時三晨凌天昨會時臨大國
三經歷，（右）槌事議下敲樟學呂席主，序程議
黨民國在，戲大憲修的斷不爭紛、鬧鬧吵吵月個
。（上左）幕落中聲呼歡的團黨大國
凌天昨（中下左）德水許長書秘會委中黨民國
，懇致手握一一代國籍黨向，樓山中山明陽在晨
影攝／昇振盧者記　　　　。勞辛憲修代國謝感

摘錄於 83 年 7 月 30 日聯合報

總統直選與僑民返國投票權順利入憲

許水德：：百分之百的感謝

記者張昭元／台北報導

國民黨中央秘書長許水德昨（廿九）日清晨三時十六分，當國大臨時會完成修憲三讀會後，立即在國大議場門口向國大臨時會致意，稍後他在受訪時指出，國大臨時會將有兩年前爭議的正副總統由公民直選案過關，並且能將有關僑居國外的僑民返國投票權予以包容，過程中雖有不同意見，但卻能妥善處理，實在是件不容易的事，他只有百分之百的感謝國代

的辛勞與支持。

國民黨秘書長許水德前晚間十時起，即在國民黨組工會主任涂德錡的陪同下，在國大黨團辦公室坐鎮指揮，當黨內的國代為僑選總統案無法形成共識時，許水德也因此緊張的不斷以吸煙來排解情緒，其間他也不停的邀黨籍國代曉以大義，當雙方捐棄成見完成修憲後，他則立即趕往國大議場門口一向國代一一握手致意，並在天亮後立即向國民黨

國代表示肯定與感謝。

總統直選與僑民選舉權如同兩年前的委員選舉一樣，所以才會形成國代對此有不同看法的情況下，最後仍能達成共識，在黨籍國代全會中被提出後即缺乏討論的現象即，不需

對此他也表示肯定與感謝。

及全民與國家的不同的意見，而這是黨內民主的現象，各自退讓一步，才能獲得共識，在僑民選舉權一案上，在大家都能顧慮不同的意見，必須以協調、溝通、包容的形成共識與感謝。許水德指出，有不同的意見，並不就表示黨內，黨籍國代對僑民選舉有不同的看法，及國家的形成國民黨臨時全會

主席李登輝先生報告修憲成果。

許水德在受訪時指出，在國民黨內對修憲已充份的討論，在國大德的聲音，但在民主社會中是個正常的現象，民主即必須有不同的，在僑民選舉總統一案上，是黨內民主的現象，各自退讓一步，

表決 敲定 感謝

國大臨會修憲條文在全體代表支持下舉手通過所有條文（上圖）。凌晨三時十七分由主席呂學樟敲下議事槌完成所有修憲條文三讀（中圖）。國民黨中央委員會秘書長許水德在二十八日凌晨前往中山樓向全體黨代表的辛勞與支持致謝（下圖）。　　（記者張開潘攝）

摘錄於 83 年 7 月 30 日中華日報

主席「英明」？

國大臨時會昨天清晨完成修憲案三讀程序，散會後國民黨中央秘書長許水德（右）站在議場門口，逐一向黨籍國代握手致意。當修憲二、三讀會主席呂學樺（左）步出議場時，許水德指著呂說「表現不錯」，站在中間的國民黨黨鞭謝隆盛則豎起大拇指表示「主席英明」。（林道銘攝）

許水德：依程序完成修憲　了不起

【記者吳南山台北報導】昨日凌晨三時十六分國大完成第三次修憲三讀程序後，在中山樓坐鎮的國民黨中央委員會秘書長許水德表示，修憲很難百分之百的完美，能在眾多意見下完成三讀程序，已經非常難能可貴。

許水德為了化解國民黨籍國代對僑民總統、副總統選舉投票權問題，前天深夜十一時許，即在組工會主任涂德錡的陪同下，抵達陽明山中山樓國大臨時會會場，並在國大黨團辦公室督導場內開會，隨後邀集黨內不同流派國代進行一個小時的協商，一直到昨日凌晨三時十六分完成修憲三讀程序，許水德才鬆一口氣，並在會場門口一一的向國代慰問辛勞。

他在接受訪問時說，修憲不是容易的事，黨內有不同的意見，在民主國家是必然的現象；但在經過協商、溝通、包容的情形下，獲得共識，並依程序完成修憲，是很了不起的，也是很不容易的。

許水德說，這至於僑民投票權的問題，個問題之所以會引起如此大的爭議，與臨中全會突然通過有關。因為在此之前，中常會、修憲策劃小組甚至諮詢顧問小組均沒有充分的討論，才會有如此大的爭議，而這與三年前委選、直選之爭一直到兩年後才了解決比較，已經好得太多了，是很不容易的。

對於未來是否還會修憲，許水德表示，這是他所能回答的，不過短時間內恐怕不容易再次修憲。

摘錄於 83 年 7 月 31 日中國時報

═凍省紀實═

修憲已進入關鍵時刻，自許為「總指揮官」的國民黨主席李登輝終於決定親自披掛上陣，站上最前線，但元帥親征的修憲路途仍然危機四伏，李登輝現在是把他自己及國民黨帶進了「地雷區」。

雖然李登輝鬥志高昂，堅持必須取消立法院閣揆同意權並停止省級選舉，但在國、民兩黨黨對黨談判觸礁、藍籍國代反彈聲音不斷的情勢發展下，國民黨內部氣氛卻是低迷。部分高層基於種種個人未來政治發展等理由，其實不是那麼熱中修憲，而實際執行修憲任務的黨團幹部，也有人私下質疑這種不顧一切的修憲作法。

一位經常對外為黨政策辯護的黨團重要幹部，私下被問如果兩黨無法達成共識怎麼辦時，就曾語帶玄機的說，「不要忘了我們還有一部運作幾十年的中華民國憲法」，與他公開談話顯然有相當大的差別。

從某個角度看，李登輝其實是在進行一場「政治豪賭」。為了達成「凍省」等目標，他現在是以個人的聲望及權威來做為推動修憲的後盾，如果在他全力鼓吹及動員的情況下，最後他設定的優先修憲議題還是無法完成，他這個黨主席在黨內的威信必然會因此減損，隨後而來的八月十五日全大會

也勢必會有人挑戰他的黨主席權威。

長期以來，「主席牌」一直是國民黨化解黨內異議的最後法寶，李登輝近來也不能免俗的持續約見黨籍國代，問題是現在卻有越來越多的人「向李登輝說不」，立委林志嘉曾拒絕退選台北縣長，國代林淵源與呂學樟等人則是才結束與李登輝的會談，就重申反凍省立場不變。

在黨內及社會對修憲一片質疑聲中，李登輝仍然堅持強渡關山，或許他認為此時是最佳時機，今天不做，明天會後悔，但是黨內也有人認為，為什麼所有事情一定都要在這屆總統任內完成呢？

在黨主席強力宣示及推動下，黨機器當然只有全力以赴，達成目標。但是為了精簡省府組織、凍結省級選舉，宋楚瑜一周來在省議會提高分貝向國代喊話，已使黨內中生代裂痕自熱化，黨內的權力鬥爭延到國大會場，國民黨在修憲未完成之前，其實已是遍體鱗傷了。

李登輝不理會來自宋楚瑜的反彈，執意要通過凍省案，而在政治上強力介入運作的情形下，也許最後李登輝可以達到目標，但是他卻可能要面對一個已殘破不堪的國民黨。修憲的結果對李登輝而言，得失似乎也很模糊了。

沒有贏家的修憲／國民黨篇　　劉永祥

主席親征　陷地雷區

自18日晚間，國、民兩黨黨團對黨協商之後，民進黨高層除黨主席許信良對總統李登輝還存有一線期待外，其餘幾乎都已死了心，對民進黨而言，目前能著力的只有推動凍省，如有可能、加入公民複決條款，是民進黨最樂觀的期望。

民進黨自修憲急轉直下，突然由形勢十大好轉為談判破裂、修憲無望，曾做內部的檢討，歸結出民進黨最大的失算為誤判李登輝的影響力，忽視國民黨反對廢除五項選舉以及修改中央體制的壓力。

因此在第四次黨對黨協商時，民進黨曾過度樂觀認為，李登輝為修憲順利，將做出退讓，民進黨才會把底線卡死，當蕭萬長宣讀國民黨結論時，

沒有贏家的修憲／民進黨篇　　劉寶傑

誤判形勢　力保凍省

許信良甚至曾舉手作勢欲鼓掌為修憲順利祝賀，沒想到蕭長念出第二段與民進黨的預期南轅北轍，許信良手放下，緊閉唇，談判最後破裂。

談判過程一百八十度的轉變，令民進黨相當困惑問題究竟出在哪裡，在弄不清國民黨底牌的狀況下，已經王牌出盡的民進黨只有等門，透過黨團對黨團的協商，測試國民黨實況。

18日晚間的黨團對黨協商對民進黨的判斷是個關鍵，民進黨國大黨團主動就第四次黨對黨協商破裂的關鍵─廢除鄉

鎮市長及國代選舉都做出重大退讓，結果黨團對黨團協商時，國民黨根本不對這些讓步做出回應，反著墨於中央體制的變革，特別是反對廢除已表明不能接受的主動解散權部分。

由這次黨團對黨團協商，民進黨清楚認清國民黨內部自副總統連戰介入修憲事務後，國民黨修憲的方向已經改變，國代與鄉鎮市長選舉的廢除，不過是中生代權力競逐的棋子，國民黨翻案的不只是五項選舉的廢除，連過去有共識的中央體制變革，國民黨都準備全數推翻。

看清國民黨因權力競逐，導致修憲無望後，民進黨開始動作，首先是保本，既然修憲無望，民進黨就不必再做無謂的退讓，所以許信良前天特別上山，與民進黨國代溝通情勢，提醒民進黨國代不必再讓。

其次許信良要求注意凍省的情勢，許信良判斷李登輝就凍省一事，已是吃了秤鉈鐵了心，非凍不可，而且既然鄉鎮市長與國代選舉不廢，凍省力量有限，所以光是凍省一項還有可為，這是民進黨必須確保的戰果。

民進黨多數領導人認為修憲已經結束，民進黨邱義仁以「收攤了」形容修憲的局面，目前只剩許信良還抱有一絲希望，希望李登輝善用民選總統的權威，為修憲做最後一搏。

摘錄於 86 年 6 月 21 日中時晚報

新聞幕後

吳伯雄等人求情 開除改為停權

李登輝最後關頭同意所求 但強調執意反對凍省者絕不寬貸

國民黨中央考紀會昨日對呂學樟施以停權兩年處分，過程曲折，因為書記長之爭而與黨團交惡，成為反凍省派柏，黨主席李登輝日前曾親自下達「開除黨籍」的標準。

指示，經過黨秘書長吳伯雄、國大副議長謝隆盛與國大黨團書記長陳何在分別替呂學樟求情，在考紀會開會的前一分鐘，李登輝才同意改以「急特處置」方式通知考紀會。

呂學樟曾任國民黨國大黨團書記長，在國大上一會期完成考試院人事同意權。未料在本會期一開始，屢屢砲轟黨中央，成為反凍省派柏，並成處分。

上週三中全會後，李登輝曾邀集國大相關幹部會商修憲情勢及阻力何在。在會中，李登輝即表明應該「嚴明黨紀」。上週四上午，吳伯雄、饒穎奇、蕭萬長等人受命趕到的報告也送交考紀會。

當天在「松柏一號」房召開的祕密會議當中，多位黨政高層首長傳達李登輝的指示，認為應該儘快做成處分。

週五，國大工作會做成「建議書」，準備向中央考紀會送出。

週六中午下班前，吳伯雄親自下條子給考紀會，要求立刻處理該案。國大工作會建議開除呂學樟黨籍的報告也送交考紀會。

週日當天，李登輝在總統府約見考量之下，決定出面，在茶會之後單獨留下來求見李主席。

吳伯雄向李主席表達希望「刀下留人」的意思，但李登輝不同意。

本週一副議長謝隆盛單獨求見李主席，也是替呂求情，李登輝約見一百二十多位黨籍國代之後，黨團書記長陳子欽單獨求見李主席。由於前後已有多人表達求情之意，李登輝終於同意讓呂學樟「暫時停權」，但李登輝強調，修憲表決時，黨籍國代如果仍然反對凍省案，「沒有舉手的黨籍國代一律開除黨籍」。

於是，就在考紀會於下午三時開會之前的一分鐘，吳伯雄下條子，要求將「開除黨籍」改為「停權兩年」。

學樟同為客屬總會的吳伯雄在幾度與呂兩年」。

（記者許聖梅）

摘錄於86年7月8日自由時報

性理籲呼　援聲對面　復申提要　分處對面　**焦點人物**

理有國愛　罪無黨護：樟學呂

本報記者陶允正、張宗智／專訪

國民黨立委大次級團體天道盟國民黨考紀會昨以停權兩年的黨紀處分，呂學樟對這樣的結果，昨天接受專訪時表示，他是「求仁得仁」，無怨無悔，他還是要向黨中央提出申復，他堅信「護黨無罪，愛國有理」。

記者問：對黨中央這樣的處分，你有何看法？

答：我的心中很坦然，我只是想談談對這枚的職責。做紋做的事。反映民眾的心聲是民意代表的職責。我提出不同的主張，也是受黨紀處付託。提出不同的主張，怎能算其枚關台灣一千七百萬民眾權益的事。反映民眾的心聲也安撫民眾精安勿躁。

問：修憲尚未完成，你未來將如何自處？我是「求仁得仁」，無怨無悔。

答：應該多少會有影響。此事已有很多國代反彈。地方上也有反彈聲浪，部分民眾已表示尤其枚關台灣這種傷害民眾的團結並無任何助益，反而只會毀壞團結，打擊士氣。

問：部分祥和會國代表示要聲援你，你將如何處理未來的局面？

答：我很感謝大家的支持和厚愛，但不希望這種事態能理性、平和地來對待此事。我不希望因為此舉措動，而不為利誘；為勢動，不為威脅。

問：連台獨人士都威脅見，如今黨中央又有此主張。我提出不同的程序向黨提出申復，我堅信「護黨無罪，愛國有理」。

舉措，但我的立場是「不為勢動，不為威脅。」舉措以反凍省力量為無影響？

榜陪」需不已　憲修　斬刀快　清不理

省凍要只黨民國　程工紀世跨

本報記者游其昌

國民黨最後關頭，國民黨主席李登輝已忍不住公開批評台灣省長宋楚瑜，直指李主席不是裁判者。宋楚瑜最深的國代呂學樟施以殺傷最重的處分。國主席連戰、黨秘書長吳伯雄傾全力向反凍省力量宣戰。這一切動作已經直逼到中央與省方面一來一往，似乎國民黨已經面臨到中央與省政高層對決的局面。

國民黨高層認為，戰事是存在的，但是政治的轉圜鬥爭不會赤裸裸對決的大決戰時刻。省方其實也對情勢的轉圜有一定的期待。更微妙的是，省方其實也對情勢的轉圜有一定。盡可能維持「不斷破臉」，過去如火如水的民進黨和國民黨都能在這次交鋒中合作。宋省長之間會在李主席的領導，懸付麻煩的鴻溝。「李主席對連宋合作意願很久了。」依他率看的個性，始終未對宋楚瑜動過真正的重話，可見李李主席有「多些惜宋楚瑜」的意涵。

昨天也忍不住發出重砲，他們卻已表示李主席不是裁判者。省府人士表示，之所以才致直言批判處分。國主席連戰、黨秘書長吳伯雄傾全力。

不過，這一切動作也力全的政治是非也有一定的重話，似乎國民黨已經面臨到中央與省方面一來一往。

跨世紀的修憲成績，只要「凍省」達成，就是就在這種局勢對于衝鋒，才能對修憲情勢有「快刀斬亂麻」以超越過去的省方衝鋒，素性「快刀斬亂麻」以超越過去的愛數，直接向對「某方面」。此時此刻，國民黨中央已經不太需要對「某方面」一下宋楚瑜就能改變的。登輝見一下宋楚瑜親自主持親自主持動在前面前。

統疆顯是否「絕對多數」可以談，但是國大的阻力相當圖繞「某」的嚴密式動員，鎖定一切可能的愛數，直接向省方衝鋒，才能對修憲情勢有「振袖起敲」。

就在這種局勢對于衝鋒，精簡省府組織，不論李登輝說上一百遍，「為制度人」。這種事情也不是政性，美興黨的成立，也包含省大的阻力相都可能和民進黨談，但是「為制度的人」等工作是非政代的企圖心全然瀕現。此時此刻，國民黨中央已經不太需要跨世紀的修憲成績，只要「凍省」達成，就是跨世紀的工程。

摘錄於86年7月8日聯合報

反民黨凍省旗幟鮮明
國民黨祭出黨紀

呂學樟遭停權兩年

國大工作會列舉六大罪狀　建議開除黨籍
考紀會認定「並非不可挽救」　改為停權處分

吳伯雄：國民黨並非一言堂

講理惜情得有限度　國大黨團否認提出處分案

【記者羊曉東台北報導】

【記者劉添財台北報導】

摘錄於 86 年 7 月 8 日中國時報

張瑞昌　　　　　　　　　　看問題

下馬威　草山風雲再起

在「總指揮官」李登輝的一聲號令下，國民黨中央終於對反凍省陣營祭出家法，前任國大黨鞭呂學樟首先成為這場黨內「凍省祭禮」的犧牲品。國民黨選擇此時殺雞儆猴，能否收到「快刀斬亂麻」的效果，或許仍待觀察；但無疑地，這項舉動將使已若一攤死水的草山修憲，呈現風雲再起之勢。

雖然凍紀處分之說早已甚囂塵上，而反凍省國代也多半有所準備，但是國民黨中央昨日出招速度之快，依舊在國大議場內外引發連鎖反應。不少黨籍國代對此議論紛紛，同情呂學樟者大嘆黨內已無言論自由，並擔心造成祥和會的強力反彈；擁護黨中央者則堅稱不貫徹黨紀、修憲勢將難以過關。

不過，以黨中央的角度來看，在國大二讀會前夕若不儘快對反凍省陣營施以下馬威，則高層屬意的凍省工程極可能功虧一簣。基於削弱反凍省勢力的戰略考量，國民黨決定斬將立威的用意自是不言可喻。

事實上，從國民黨高層這幾次密集約見黨籍國代的動作觀察，黨中央全面壓制反凍省勢力的行動，不僅達到火網密佈的地步，甚至可以說是進入徹底殲滅的階段。尤其在黨務、行政系統交織而成的複式動員下，黨主席李登輝一句「賞罰分明」的指示，不啻是當場宣佈黨紀伺候的軍令。

固然在國大黨團內部引起兩極化反應，但無論如何，在國大修憲已瀕臨攤牌的關鍵時刻，先前陷入膠著的朝野協商，猶無重大突破的跡象，國民黨此時回過頭來進行內部盤整，顯見反凍省陣營仍有其不可忽視的威脅。特別是日前停會案表決的票數，的確讓黨團幹部與黨中央捏把冷汗，而省長宋楚瑜反凍省的言行，也令黨中央深感不以為然。朝野國代「中形容的「急凍人」李登輝，近日數度表達對宋的不滿，更顯露出黨中央直搗黃龍的意義。

總體來說，被列為此次國大修憲最具看頭的壓軸戲－凍省與反凍省之爭，顯然已展開短兵相接的肉搏戰。曾宣示堅持到底的反凍省陣營，最後能有多少人願「從容赴義」？而長驅直入的國民黨中央，是否可以順利過關斬將？著實扣人心弦。

摘錄於 86 年 7 月 8 日中國時報

劉添財

人物寫真

呂學樟　主流到非主流

從國民黨團黨鞭到反凍省派的大將，國代呂學樟（見圖，本報資料照片）一路走來，與國民黨中央已漸行漸遠。尤其當著國民黨祕書長吳伯雄的面，他直陳黨版修憲案是「敗家子」、「割地賠款」行為，又發表「護黨無罪、愛國有理」的反凍省說帖；呂學樟不像少數反凍省然國民黨對此也須深刻檢討，曾經忠心的黨鞭，如今怎會變成「烈士」？

國代說說罷了，反而不斷以具體行動表現反凍省的決心，使國民黨不得不採取斷然措施予以停權二年的黨紀處分。

呂學樟過去一直是國民黨忠誠的擁護者，曾在二屆國大時護送黨版修憲案過關，獲得黨中央極度的賞識。因此三屆國大黨團一成立，他立即被網羅擔任首任的書記長，但其行事風格與大黨鞭莊隆昌有所不合。在呂學樟擔任小黨鞭任內，他曾成功完成考、監兩院相關人事同意權行使的任務；因此呂學樟在三屆國大第一次會議後，即公開向黨中央爭取更上層樓擔任社工會副主任的機會，但因相關條件未能配合，呂學樟升職不成，卻惹來一身腥。

呂學樟更不接受勸退轉而投靠祥和會，但終究不敵陳子欽，他遂由主流變成非主流；呂學樟三番兩次公開抨擊黨的決策。

呂學樟蟬聯小黨鞭未果，應該是他立場急遽轉變的要因，如今他走上停止黨權二年這條路，恐怕也是當初預料到的狀況，只不過時間來得太快了。當莊隆昌配合有問題，加上黨中央又有一些意見，因此他推出陳子欽取代呂學樟

摘錄於 86 年 7 月 8 日中國時報

呂學樟遭處分　祥和會不服

聲明將發揚革命先烈「前仆後繼」的精神　奮戰到底

〔記者楊升儒／台北報導〕國民黨反凍省國代呂學樟被考紀會處以停權兩年，祥和會昨晚召開記者會指黨中央企圖以「殺雞儆猴」的手段，讓未獲共識的中央自己也應該檢討。

呂學樟被考紀會處以停權兩年，難以信服，他今天將召開記者會說明他的看法。呂學樟對這種緩議版修憲得以順利進行，讓人憂悉結果後表示，祥和會精神領袖省選舉後表示不願表示任何意見。

呂學樟被黨紀處處分，昨天引起國民黨籍國代的震撼並議論紛紛，由於祥和會發言人龔與生強調，如果黨中央要開除呂學樟，也應先開除國代呂學樟，因為呂學樟才是反凍省最有力的人，被問及會採取何什麼手段強烈抗議，不過，呂學樟被考紀會處以停權而省，祥和會副執行長龔與生表示，是否仍會堅持反凍省，祥和會長陳治男等人昨晚召開記者會省，被問呂宋才是反凍省，他覺得很沈痛，因而提出辭呈。

〔記者許聖梅／台北報導〕國民黨中對反凍省派祭出黨紀處分，反凍省大將不分區國代林潤源昨日強調，他的態度將不會因此而改變。他說，他目前也不提出辭呈。

呂學樟、龔與生等人並指責考紀會這次處分呂學樟，雙與生等人並指責考紀處分呂學樟，發揚祥和會仍將秉持一向的政治理念，並發揚國民黨革命先烈「前恭後繼」的精神，奮戰到底。

考紀處分呂學樟，他們以「高速度、高效率」通過嚴辦呂學樟，凍省事先既沒通知也不給當事人抗議的機會，他們將建議呂學樟先不要開記者會，並透過正常程序提出申訴。

為祥和會的宗旨就是愛黨愛國，他們對黨部很忠誠；陳進了則說，如今停權期還當過書記長，如今被停權，黨中央自己也應該檢討。

龔與生昨天發表祥和會的五點聲明，對呂學樟被考紀會處分，他深感遺憾，並強調祥和會發揚國民黨革命先烈「前仆後繼」的精神，奮戰到底。

呂學樟當過黨鞭　卻遭黨「鞭」

〔記者陳宏合／特稿〕擔任過國民黨國大黨團的呂學樟為何會走上被黨紀處分的不歸路呢？

呂學樟在二屆國大時，年三屆國大第一次會議開議即獲拔擢出任黨團書記長，成功完成黨團嘗試...察委員與監...因戰功彪炳被黨中央規劃出任黨團作風強悍，因此...長，大黨鞭則交由謝市同意...原任黨鞭謝隆盛、國民愛將莊隆昌雖有人向他警告「小心功高震主」，但呂仍獨行其是，終於與莊國發會後，黨籍國代不時砲打國發會共識，今年初春，國民黨主席李登輝會見莊，國民黨大力推動國發會共識，呂即跟莊、陳二人唱反調，祥和會也力邀他出任祥和會發言人，以改善祥和會給外界不佳的形象及發言人，乃力挺莊至此與黨團及黨中央已漸行漸遠，選舉結果，陳驚險過關當選，前國大秘書長陳金讓肯後撐腰大勢力，有人說呂披祥和會壯大，呂卻強調，他反凍省是為了救國民黨。

那時國民黨正要改選黨團小黨鞭，事後，挑戰呂小黨鞭位置的人正是莊隆昌鼎力支持的陳子欽。

呂與陳在未競選黨鞭時以「兄弟」互稱，但兩人產生競爭關係後，則互揭瘡疤，陳獲謝隆盛與莊隆昌所領導的國大工作會系統大力支持呂剛有祥和會精神領袖，陳驚險過關。

摘錄於 86 年 7 月 8 日自由時報

民進黨的最愛

對手基層瓦解　執政夢好圓

選舉不再輸在起跑點　年底之戰過半機會大

這二年國民黨籍的縣市長頻頻傳出涉入弊案遭到起訴的情事，加上去年底國發會達成「凍省」的共識後，使得民進黨年底的縣市長選舉情似乎一片大好，黨內中央人士也認爲，按照這種情況發展下去，民進黨過半的可能性不小。而民進黨最愛的是，一「凍省」之後，國民黨多年來在地方建立的選舉系統幾乎完全瓦解，未來大型的選舉，兩黨可以平等的競爭。

自從宋楚瑜擔任省主席後，「勤跑基層」在二年內跑遍全台灣三百零九鄉鎮，建立起他穩固的地方人脈網絡，成爲他最自豪的施政成果，也讓他在省長選舉中，完全不靠國民黨的黨務系統，在去年總統大選時，李登輝對宋楚瑜的動員系統仍倚重甚多。民進黨在這二次選舉中都吃足了苦頭，所以，對創黨以來的「廢省」政策更爲強調。

國發會中，國民兩黨達成凍省的共識，雖然國民黨凍省主要的目的是達成「削宋」目標，和民進黨用意未必相同，不過總算是殊途同歸，因此，落實在修憲的過程，兩黨雖然歧見不少，而在凍省議題上卻始終口徑一致的列爲最重要的共識。

國發會通過凍省之外，並且決議將停止鄉鎮市長及民代的選舉，尤其鄉鎮市長官派一事上，等於完全瓦解了宋楚瑜這幾年辛苦建立起來的人脈資源，據了解，國發會後，不少國民黨黨籍的鄉鎮市長開始向民進黨的縣市長及未來的候選人「作關係」。

不過，經過附黨內部激烈的對抗，這次修憲是否能完成凍省目標還不能怎麼變，兩黨始終沒有變的就是凍省，爲了凍省，民進黨還可以犧牲其他的堅持，因爲凍省對民進黨而言是利基，那些向民進黨靠攏的國民黨鄉鎮市長又向國民黨回流。可以想見爲了他們個人未來的前途和利益，年底的縣市長選舉，仍須爲國民黨輔選。

凍省對民進黨另一層意義就是支持李登輝，繼續維持國民黨內台灣人的領導系統。

宋楚瑜從語言等各方面上表現自己的本土化，從各角度上來看，都讓民進黨不敢小覷他的能力，李登輝只剩三年的任期，在「後李」時期，國民黨中生代已經互別苗頭，競爭李登輝接班人的地位，如果凍省不成，宋楚瑜將以省府龐大的資源，取代李登輝成爲國民黨內最有權力的人，而李登輝未來的三年將變成虛位元首。

基於這二重考量，不管修憲的情況

（記者邱香蘭）

摘錄於86年7月14日自立早報

國民黨的最痛

凍省加深裂痕　黨內成戰國

中生代自顧卡位　基層分崩離析　沒有贏家的戰爭

即將對決的凍省，無論成敗，對國民黨而言都是一場注定沒有贏家的戰爭，雖然保住顏面的是，在此次凍省所受的傷，包括黨內分崩離析、基層渙散，對年底縣市長、甚至未來的選舉都投下不利變數，如果凍省沒通過，那就真的如李登輝所說「一區兩國」、兩個中央、成為「一黨兩主席」，未來「西瓜偎大邊」，可以出現黨內結構重整。

至於效應上，經過此次修憲李登輝已經多少提早成為跛腳總統，受到影響最大的應該是等著接班的連戰，在宋楚瑜聲勢高漲下，本來就居於下風的連戰，未來的前途坎坷，所以此次修憲、尤其是凍省的成敗，關係連戰的政治前途。

凍省對國民黨而言，由於事先錯估形勢，對反對的評估及影響顯然是嚴重低估，才導致在國民黨內部就造成嚴重分歧。在後來此事在國民黨內部已經成為黨中央甚至李登輝威信的一指標」下，已形成尷尬的局面，吳伯雄雖然貴為秘書長，但由於身負年底選舉的成敗，許多黨務幹部在「拉票」時都強調這是在此次修憲上扮演的角色較尷尬，尤其在連、宋之間，他刻意維持中立，不希望捲入連宋鬥爭，當然多少也是為了年底的選舉及在修憲沒有太多發言空間所致。

同時也和另一位中生代秘書長吳伯雄貴為秘書長，但因此，許多黨務幹部在「面子」問題，也因此，許多經轉變成「李登輝的面子」問題，而國民黨黨團和民進黨黨團協商時，代表柯三吉都忍不住喊出「救救李登輝」來。

在這種箭在弦上的不得不發的壓力下，黨中央只好閉著眼不計後果地理解到，在凍省過後對國民黨的政權衝擊恐怕是難以評估的，不但省府過去有效的動員部隊，而省長宋楚瑜經營的基石，這些在省府「消失」後可能產生的效應，尤其對年底即將的縣市長選舉的衝擊。

由於省長宋楚瑜執意不肯在凍省上讓步，也造成國民黨內部中生代對決提早展開，為了宋楚瑜的「一堅持」，成立漢興黨部自己動員，但是，所以凍省選未對決，成敗尚未定局，但國民黨內早已內傷慘重，連戰和宋楚瑜不睦，吳伯雄和連戰有心結，李和宋的革命感情倍受挑戰，黨內從李登輝當選首屆民選總統的團結氣氛中，一下子分崩離析，讓黨內基層無所適從，對國民黨青己經是難以在短期間彌補的傷害。所以無論凍省過不過，國民黨都不是贏家，黨內沒有一個是贏家。早知如此，何必當初，可能是許多人心中不敢說出來的小秘密。

（記者周美里）

摘錄於86年7月14日自立早報

四大戰神

檯面下各顯神通　無懼險阻重重

林淵源　　呂學樟
吳國重　　呂軒東

東軒呂　　重國吳　　樟學呂　　源淵林

林淵源　接受約見不改其志
吳國重　寧違黨意不悖民意
呂學樟　黨紀處分無怨無悔
呂軒東　不能不顧派系存亡

摘錄於86年7月14日自立早報

依然無義反顧　夾心餅日子雖苦

謝瑞智　謝隆盛　陳子欽　莊隆昌

四大護法

謝隆盛　陳子欽
臨危受命居功厥偉
寧扮黑臉得罪同志

謝瑞智　莊隆昌
受責難委屈吞腹內
爲黨版編出大道理

自五月初開始的修憲工程，終於要結束了。從今天開始的一個禮拜，就是最後的關鍵時刻，而不論朝野兩黨協商再怎麼觸礁，自始至終唯一不變的共識就是「凍省」，換句話說，這次修憲可以視爲是一場「凍省」與「反凍省」的戰爭，而「凍省」的主力，就是修憲的主流－國民黨中央。

再說的明白點，這次凍省的核心，就是國民黨的主政者、最高權力中心的李登輝總統，事實上，從國發會到修憲，李登輝的意旨一直貫穿全局，但修憲之初，李登輝始終未浮在權面的戰局，主要的原因當然與他擁有「凍省」被「凍結」的對象中，有那麼一位曾與這次凍省有「革命感情」、「情同父子」，那就是台灣省長宋楚瑜。

相較於李、宋之間複雜而微妙的關係，坐擁國民黨第二號人物頭銜的連戰，在「凍省」中所扮演的，則不折不扣的策劃者和推動者的角色，但連戰在修憲初期一直扮演的是影武者的角色，但隨著宋楚瑜的聲音越來越大，連戰的動作也越來越明顯。

不過，無論如何，這場黨內的戰爭還是要黨務系統出面，身爲黨的秘書長吳伯雄不管顧不顧意，都必須要投身到這場「凍省」與「反凍省」的連、宋之爭中，吳伯雄和重量級立委瀾萬長都是扮演著執行者的角色。

可是當然真正代表黨中央在第一線作戰的，還是國大工作會主任莊隆昌和黨團書記長陳子欽。事實上，莊、陳二人在朝野黨協商時，黨內疏通有問題時，黨中央這次對「反凍省」大將呂學樟祭出黨紀處分，就是對兩位陣前指揮官的意見表示尊重。

總是扮演「黑臉」，因此，黨內疏通有問題時，也就毫不客氣的把問題往上丟，黨中央這次對「反凍省」大將呂學樟祭出黨紀處分，就是對兩位陣前指揮官的意見表示尊重。

凍而愈搞愈高漲，導致莊隆昌及陳孟欽備受黨中央責難，而莊隆昌更是因爲在向黨中央報告反凍省國代狀況時，得罪許多國代，被國代們指責未能「忠實」反映，夾在國代同仁不滿與黨中央責難下，莊隆昌可以說是此次修憲受內傷慘重的人。

在黨中央對黨鞭掌握不力感到不滿後，副議長謝隆盛立即發揮了關鍵的重要角色，憑著他在國代所下的功夫及關係，他已經成爲黨中央對國代掌握最佳能手，此次執行黨中央的「指令」，謝隆盛居功厥偉。

另外在此次修憲當中，國民黨出現「新貴」學者，專門爲黨版辯護，不但私下放話頻頻，公開更是以學者身份提供理論架構合理化的基礎。而這群學者如謝瑞智、柯三吉、彭錦鵬等，其中謝瑞智更傳出將接掌警大校長，酬庸氣氛不言可喻。（記者蔡筱蘋）

摘錄於86年7月14日自立早報

國家圖書館出版品預行編目資料

修憲風雲錄：凍省祕辛／呂學樟著 . -- 第二版 . -- 臺北
市：商鼎數位，2020.04
　　面；　公分
ISBN 978-986-144-183-2(平裝)

1. 憲法

581.25　　　　　　　　　　　　　　109005060

修憲風雲錄-凍省祕辛

作　　者　**呂學樟**

出 版 者　呂學樟
總 經 銷　商鼎數位出版有限公司
　　　　　地址／235 新北市中和區中山路三段136巷10弄17號
　　　　　電話／(02)2228-9070　傳真／(02)2228-9076
　　　　　郵撥／第50140536號　商鼎數位出版有限公司
　　　　　商鼎文化廣場：http://www.scbooks.com.tw
　　　　　千華網路書店：http://www.chienhua.com.tw/bookstore
　　　　　網路客服信箱：chienhua@chienhua.com.tw

出版日期　2020年4月10日　第二版／第一刷